A Cidade do Primeiro Renascimento

Coleção Debates
Dirigida por J. Guinsburg

Equipe de Realização – Tradução e notas: Marisa Barda; Edição de Texto: Adriano Carvalho A. e Sousa; Revisão: Iracema A. Oliveira; Produção: Ricardo W. Neves, Sergio Kon e Raquel Fernandes Abranches

donatella calabi
A CIDADE DO PRIMEIRO RENASCIMENTO

 PERSPECTIVA

Título original italiano
La Città del Primo Rinascimento
© 2001, Gius Laterza & Figli Spa

Dados Internacionais de Catalogação na Publicação (CIP)
(Câmara Brasileira do Livro, SP, Brasil)

Calabi, Donatella
   A cidade do primeiro Renascimento / Donatella Calabi; tradução e notas de Marisa Barda. – São Paulo: Perspectiva, 2008. – (Debates; 316 / dirigida por J. Guinsburg)

   Título original: La città del primo Rinascimento.
   Bibliografia.
   ISBN 978-85-273-0836-6

   1. Cidades e vilas renascentistas – Itália 2. Planejamento urbano – Europa – História 3. Planejamento urbano – Itália – História I. Barda, Marisa. II. Guinsburg, J. III. Título. IV. Série.

08-08552   CDD-940.2109

Índices para catálogo sistemático:

1. Cidades e vilas renascentistas : Europa : História
940.2109

Direitos reservados em língua portuguesa à

EDITORA PERSPECTIVA S.A.

Av. Brigadeiro Luís Antônio, 3025
01401-000 São Paulo SP Brasil
Telefax: (11) 3885-8388
www.editoraperspectiva.com.br

2008

SUMÁRIO

Introdução 11

1. O Contexto Político e os Processos de Urbanização 15
2. O Tecido Edilício e as Muralhas Urbanas 33
3. As Ruas 49
4. As Praças 67
5. O Palácio 91
6. As Casas 105
7. Os Equipamentos 121
8. As Igrejas 137
9. As Cidades através dos Tratados 149
10. O Arquiteto, o Cliente, as Técnicas 165

Bibliografia 183
Índice de Lugares 197

*Agradeço
Ennio Concina, Edoardo Demo,
Marco Folin, Luisa Giordano, Derek Keene,
Niccolò Orsi Battaglini, Heleni Porfyriou, Elena
Svalduz, Stefano Zaggia
e a colaboração para localizar o material
iconográfico, à Raffaella Gianolla
e seu primoroso trabalho
de reprodução fotográfica.*

INTRODUÇÃO

mais uma vez para Marco e Lodovico

Este livro considera a história da cidade européia da primeira fase moderna e concentra sua atenção principalmente sobre as relações entre os tipos de uso dos espaços urbanos e as formas arquitetônicas que os ocupam. Ele também faz referência às questões econômicas, políticas e culturais que contribuem para explicar alguns processos de transformação de ocupações.

A análise vai além das divisões canônicas da historiografia e das datas dos acontecimentos institucionais. Desta maneira, o início não tem a data de 1492 que, com a descoberta das Américas, é o ponto de partida de muitas histórias deste período; mas abraça a idéia que, já durante o século XV, professavam-se novas estratégias urbanas, distintas das medievais. Essa sugere a hipótese que nas origens da cidade moderna seja identificado um período no qual os

11

saberes, os instrumentos de gestão, as representações ideais, e os sujeitos políticos que operam na cidade renovam-se de maneira extremamente rápida e pertençam, em boa medida, à época sucessiva. Substancialmente, a cidade do século xv insere-se em um "longo Renascimento".

Por razões análogas, o ponto de chegada da narrativa coincide mais ou menos, com meados do século xvi, a partir da hipótese que o período sucessivo seja de confirmações, sedimentações e de embelezamento. Porém, às vezes esta definição cronológica não é tão precisa e deixa espaço a sobreposições parciais de data e episódios, que serão tratados no segundo volume desta série, relativo à segunda parte do século xvi: porque no contexto urbano as situações concretas fogem de tipologias abstratas; freqüentemente elas assumem formas similares e possíveis significados político-econômicos e culturais divergentes, mesmo se espaçados de alguns decênios.

No fim das contas, a tentativa realizada é, principalmente, aquela de captar as mudanças e as diferenças nos instrumentos e nos procedimentos necessários para transformar a organização das implantações, como, também, captar as transformações do contexto político, mesmo se depois acontece que tanto uns quantos outros se interceptam continuamente.

Portanto, o livro propõe um mosaico, porém, não quer ser, de maneira nenhuma, uma história "evolutiva". O resultado é fragmentário e consiste em uma série de elementos mais que uma visão homogênea do conjunto das mudanças que ocorrem em toda a Europa. Segundo determinados setores, serão apresentados alguns países emergentes: não todos, mas aqueles que a cada vez pareçam inovadores, ou apenas emblemáticos, em relação aos dispositivos urbanos considerados. Portanto, nenhuma pretensão de finalizar, nem sob o ponto de vista cronológico e muito menos sob o ponto de vista geográfico e, talvez, com ênfase maior nos casos italianos do que naqueles de outros países (porque, apesar de tudo, neste período histórico, os primeiros freqüentemente originam um caminho inovador). Finalmente, a narrativa está mais interessada nos momentos de ruptura – aqueles nos quais se mostram novos instrumentos e novos cânones – que nos períodos de continuidade. Todavia, não esquece que, mais do que outras, as transformações urbanas cobrem longos períodos, às vezes longuíssimos.

Aludindo a uma série de exemplos, ainda que de maneira fragmentária, o livro narra um acontecimento: o nascimento e as primeiras manifestações da cidade moderna. É uma trama de raciocínios que delineiam duas narrativas paralelas: uma passa através dos setores fundamentais que constituem a cidade como agregado físico (os muros, as ruas, as praças, as casas, os equipamentos) e lhes descreve as características e dinâmicas; o outro tenta compreender os elementos essenciais da mudança ocorrida por meio de breves esquemas sintéticos, realizados em algumas cidades escolhidas por acaso. Os dois capítulos finais enfrentam, respectivamente, as questões atinentes às análises teóricas, que, no período considerado, vê uma verdadeira explosão de responsabilidades e de mudanças nas relações entre administradores, técnicos e executores que permite reconhecer, no primeiro Renascimento, uma nova e diferente fase em relação à Idade Média.

Abreviaturas

AEMO   Arquivo do Estado, Módena
AEV   Arquivo do Estado, Veneza
BCB   Biblioteca Cívica Bertoliana, Vicenza
BMC   Biblioteca do Museu Cívico Correr, Veneza
DHA   Diateca* do Departamento de História da Arquitetura, Veneza.

* Coleção de *slides*.

1. O CONTEXTO POLÍTICO E OS PROCESSOS DE URBANIZAÇÃO

As Cidades Se Tornam Motor de Desenvolvimento

Nas primeiras décadas do século XV termina o extraordinário desenvolvimento urbano que tinha caracterizado as cidades européias no período medieval. Os governos da sociedade ocidental estão em profunda crise. Depois da grande depressão econômica e da redução demográfica, iniciada no século precedente, as duas esferas do poder temporal e religioso parecem desmoronar.

O Império declina e reconquista poder e prestígio somente com a eleição de Maximiliano I (1498). O próprio governo da França, em guerra contra os ingleses há cem anos, é fraco. O papado, mesmo retornando à sede em Roma, depois da longa permanência em Avignon, está dividido entre os problemas do cisma e de lutas internas. A cidade eterna, devastada por séculos de sucessivas invasões, saqueada e negligenciada, vê os seus vinte mil habitantes viverem de modo miserável em um emaranhado de ruelas, em altíssima degradação física. Percebe-se a antiga riqueza imperial apenas através de suas ruínas, semi-sepultas por mofo e lixo. Os primeiros passos para uma reconstrução urbana geral são realizados pelo papa Nicolau v, eleito em março de 1447.

Por volta da metade do século xv, o panorama econômico muda rapidamente e torna-se muito articulado: zonas excêntricas sob o ponto de vista geográfico – a Espanha, livre dos árabes (que, no entanto, ainda contribuem na produção artística), a Polônia e a Lituânia (com conseqüências na Prússia oriental) – emergem como países dinâmicos e em vias de transformação.

No continente, as cidades, pouco a pouco tornadas independentes das ingerências eclesiásticas ou nacionais, tornam-se o verdadeiro motor do desenvolvimento; estabelecem entre si um novo tipo de relações comerciais (a civilização hanseática tem um papel fundamental na formação de uma unidade cultural da Europa do Norte). Na do Sul, reconhecem-se novos sujeitos políticos e sociais; a arte e os saberes florescem nas cortes, principalmente nas italianas, onde são vistas inovações significativas. A península não é um organismo unitário nem se identifica com uma somatória de Estados "modernos". Nos casos cujas estruturas de governo são estáveis, permanecem organizações urbanas especiais; as transformações institucionais e político-jurídicas dependem da autonomia de cada centro.

A classe média intelectual e instruída, os profissionais formados no setor administrativo, os advogados, todos eles têm um papel na modificação dos novos sistemas estatais. Em toda a Europa nasce um grande número de universidades: na Alemanha, na Polônia, na Hungria, na Dinamarca são inauguradas novas universidades. Entre os patrícios, algumas famílias de banqueiros e de mercadores chegam a acumular grandes riquezas (os Rucellai, os

Strozzi, os Antinori, os Pitti, os Piccolomini em Florença ou em Siena, assim como os Fugger e os Welser em Augsburgo) destinados à autocelebração, para condicionar com seu dinheiro a atividade de reis e de príncipes. Nestas áreas, são as cidades, e não mais as cortes principescas, que assumem o patronato das artes, dos estudos, da modernização da vida social através da criação das instituições urbanas de base.

A peste faz ainda muitas vítimas. Guerras, impostos, alfândegas em aumento contribuem ao declínio econômico. Portanto, no seu conjunto, o século XV não é um período de prosperidade e de paz, mas de miséria e depressão, seguido por uma recuperação moderada e incompleta que se verifica principalmente nas cidades.

Uma Fase de Inovação: Regularidade, Segurança e Limpeza nos Espaços Urbanos

Apesar do clima acima descrito, de prosperidade limitada, a tendência a uma caracterização organizada dos espaços físicos e dos ambientes edificados produz, naquele século, um novo tipo de cultura urbana. Isto é, principalmente na Itália reconhece-se um modo de pensar e controlar a forma da cidade, que parece ser entendida como objeto projetável. Trata-se de uma fase experimental nas origens da Idade Moderna, na qual se prospectam novas estratégias. Os instrumentos urbanísticos e regulamentos edilícios certamente não constituem um *corpus* unitário e especializado; as normas estão contidas dentro dos estatutos urbanos, freqüentemente renovados naqueles anos ou presentes nas deliberações do governo. Especificam-se modalidades operativas para realizar novas edificações urbanas: estruturas de defesa, ruas, pontes, arquiteturas religiosas, residências nobres, edificações públicas, edifícios. As motivações (legíveis, por exemplo, nos estatutos florentinos de 1415 e naqueles mais ou menos coerentes de muitas outras cidades italianas, nos Estados dominados pela família Visconte, assim como no domínio da Serenissima[1]) devem freqüentemente ser encontradas na busca de uma maior reabilitação urbana. Nos regulamentos da prefeitura de Verona, reformulados em 1450, como também naqueles de Pádua, e como nos documentos dos outros conselhos urbanos, aparece com clareza absoluta o eco das transformações em curso. No ano de 1465, é instituído na cidade de Ferrara um novo órgão encarregado da manutenção dos edifícios do príncipe. Na cidade de Milão e em todo o ducado *sforzesco*[2], um bando, emanado em 1493, estabelece a possibilidade de expropriação ou de compra das propriedades confinantes por preço majorado, para aquele que, realizando edifícios residenciais de dimensões maiores e de maior qualidade, aumente com *decorem et magnificentiam* (elegância e magnificência) a faixa urbana. A partir de 1452, disposições similares consentem aos "maestros de rua" afinar uma nova estratégia urbana em algumas áreas de Roma. Às vezes, as melhorias são precedidas por intervenções destrutivas, pela evacuação dos terrenos e substituição de alguns edifícios. Isto é, nem sempre se trata de atuar em áreas livres; compromissos e adaptações com a situação pré-existente podem ser inevitáveis. Mas durabilidade, comodidade, regularidade são valores condicionantes, que fazem parte das normas jurídicas, das administrativas e das decisões das magistraturas. As intervenções sobre as pavimentações das ruas e das praças, nos centros de maior prosperidade econômica, iniciaram-se já no século XIV. Em Londres assim como em Dijon, consideravam prevalentemente os lugares urbanos mais importantes, por exemplo, em Lübeck, Florença ou Veneza; mas pouco a pouco as intervenções

---

1. Estado cuja capital era Veneza, chamado de Repubblica di Venezia ou Serenissima Repubblica di Venezia, simplesmente abreviado para Serenissima.
2. Pertencente à família dos Sforza.

Figura 1: P. Lingelbach, A Praça do Dam de Amsterdã, *detalhe com a casa pública de pesagem do século* XV. *Óleo sobre tela, 1656.*

foram estendidas para boa parte dos povoados, por todas as cidades européias grandes e pequenas com base na prescrição do uso de materiais específicos.

As aspirações a uma regularização dos espaços urbanos, já presentes na cultura urbanística européia no curso da Idade Média, são percebidas, a partir das primeiras décadas do século XV, de maneira nova e mais generalizada. Esta sensibilidade diversa atinge pólos distantes entre si, porém igualmente importantes, nos quais se inicia um experimento sobre os modos das cidades funcionarem: a Espanha cristã e a Boêmia são dois entre os mais significativos exemplos. Em Flandres, regulamentos elaborados para limitar o risco de incêndios proíbem que um mesmo muro pertença a duas propriedades diferentes e proíbem também o uso de águas furtadas de madeira, impõem espaços mínimos entre edifícios contíguos como barreiras corta fogo; funcionários municipais, adeptos a um serviço de prevenção de incêndios, são empregados para fazer respeitar essas normas e para efetuar inspeções e controles nos edifícios em fase de realização. Mas, no âmbito europeu, é

19

principalmente a Itália quem solicita uma atenção renovada para a grande arquitetura urbana. A fase – na qual as elaborações teóricas e as primeiras realizações da cultura renascentista não são mais produtos de grupos limitados ou episódios esporádicos, mas se difundem até tornarem-se uma práxis generalizada – coincide com um momento delicado da vida política do país. De fato, na segunda metade do século xv, muitos Estados da península atravessam uma fase de transformação profunda: econômica, política e institucionalmente. Nas capitais das pequenas cortes, na falta de uma nobreza local dotada de forte identidade de classes e de instituições em condições de se opor a uma decisão autônoma em relação ao soberano, os projetos urbanos do senhor tem mais chances de emergir: já, entre o fim do século xv e o início do xvi, todas as terras da Itália padana são radicalmente transformadas com operações urbanas de forte impacto ideológico. As mais freqüentes estão relacionadas com a ampliação e atualização estrutural das fortificações e das portas (Ímola, Capri, Mirandola, Rivarolo, Bozzolo); em Casale Monferrato, os Gonzaga construíram uma cidadela gigantesca, somente menor que Parma; em uma fase sucessiva, algumas dessas intervenções até perseguem um modelo de cidade ideal (Cortemaggiore, Guastalla, Sabbioneta). O cerco a Constantinopla, em 1453, fez com que um grande número de estudiosos, no Ocidente, se transferisse (para Florença, para Milão, para Mântua, para Veneza) com seus tesouros de arte e manuscritos. A invenção da prensa para impressão tinha facilitado a difusão da cultura e da civilização do Renascimento. A cartografia é um instrumento de conhecimento, de controle e gestão da cidade e do território por ela dominado, à qual se faz recurso cada vez com maior freqüência.

Portanto, o século xv deve ser considerado um período compreendido entre duas crises ou, com uma visão mais articulada, um arco de tempo no qual alguns setores econômicos vêem uma fase de desenvolvimento, grupos familiares alcançam elevados níveis de concentração patrimonial, senhores acumulam riquezas e capitais. Para a cidade, o século xv é um século de grandes inovações.

De qualquer maneira é um período construtivo: alguns centros, protegidos pelas muralhas, alargam seu perímetro com novas torres e portas: vale por todos o exemplo de Lübeck (1466-1478). O mercado funciona, contemporaneamente, como ágora, acrópole e lugar de espetáculo, recebe novos edifícios de uso coletivo, tais como a casa pública de pesagem, as sedes das artes e das corporações dos mercadores, o palácio da cidade: em Tangersmünde, Gouda, Maastricht, Doesburg, como também em Barcelona, Bruxelas, Leuven e muitos outros centros dos Países Baixos, em Breslavia, bem como nas cidades vênetas de terra firme.

Freqüentemente, trata-se de remanejar velhas estruturas de uso coletivo que já dominavam as praças principais, às quais se acrescentam as funções administrativas e de justiça pública mais complexas. Mas outras vezes são erigidas estruturas totalmente novas, destinadas a funções específicas: nesse sentido, o Gürzenitz de Colônia, reservado à reuniões públicas, pode ser comparado às *lonje* de Barcelona, de Valência, de Palma; câmaras do comércio nas quais a riqueza ou a potência da cidade se mostra, através de sua decoração, nas esculturas ou através de suas pinturas externas. Mas são do mesmo modo significativas as bodegas ou as sedes das grandes sociedades mercantis das cidades hanseáticas, verdadeiros e próprios tipos arquitetônicos particulares, suscetíveis de exportação para centros (por exemplo Veneza, Antuérpia ou Londres), com as quais as relações comerciais são mais fortes. Nos mesmos anos são ampliadas e transformadas também as habitações particulares.

Até mesmo o aumento de livros ilustrados com xilogravuras de cidades demonstra o mesmo grande interesse para a ordem urbana; impressos em Nurembergue, Mainz, ou na Basiléia, apresentam-se como crônicas visuais da ocupação urbana tardo-medieva, nas quais são evidenciados principalmente os lugares públicos, isto é, aqueles trechos que estavam mudando radicalmente a ordem urbana. Organização, limpeza, disponibilidade de mercadorias que se apresentam (por exemplo, em Lübeck, Nurembergue, Augsburgo, Lion, Pádua ou Ravena) como expressão ideal de senso cívico e de eficiência.

Os Novos Investimentos Territoriais:
os Diques e o Perímetro das Muralhas Fortificadas

Depois dessa primeira fase, o ano de 1492 – data que, por convenção, na historiografia é determinado o início da Idade Moderna – representa um momento de viravolta também para a história urbana.

A abertura das vias marítimas para as Américas e a demonstração da circunferência da terra, a vitória do cristianismo sobre os muçulmanos e sobre os judeus e sua expulsão da Espanha e de Portugal, o saque de Roma, as tentativas de reconstruir um grande império com a formação, antes de meados do século xv, do imenso reinado de Carlos v, são acontecimentos que, em toda a Europa, modificam o contexto político e os velhos equilíbrios.

Os navios holandeses, que transportavam peles da Rússia, cereais da Polônia, tecidos do Flandres, fazem-se reconhecer nos portos da Europa do Norte; aumentam as exportações de arenque salgado; aumenta o pedido de cerveja holandesa; casacos e corpetes feitos em Haarlem ou em Leida encontram mercados prontos para acolhê-los no Báltico. A necessidade de meios de transporte, com capacidade cada vez maior, encoraja a construção naval, a produção de cordas e de indústrias interligadas e encoraja a transferência de aptidões inovadoras de Veneza para Amsterdã. Quem percebe esse processo é Ludovico Guicciardini (1567), afirmando que o povo da Holanda se distingue em todas as artes: fabrica lã, tapeçarias, linho, fustão e até sedas e veludos, à maneira do povo do

Levante, além de outros pequenos produtos de aviamentos, de todo tipo de preços e qualidade, os quais, depois são despachados para todo o mundo. Uma conseqüência importante é que a obra de proteção da terra dos fluxos de água, que já tinha sido iniciada na era medieval em uma escala diferente, agora é retomada de maneira intensa, principalmente depois das inundações, nas primeiras duas décadas do século XVI, de porções do território. Já, desde a primeira metade do século, de fato, alguns ricos mercantes, vêem nessas obras um campo de investimento profícuo para os capitais acumulados com o comércio ultramar. O hábil e paciente trabalho do especialista em diques, Andries Vierlingh (1507-1580), concentra-se, nessa fase, na preservação a linha da costa e no controle da água do rio.

 A conquista de novas terras, a formação de alianças relativamente estáveis e o uso de novas armas, comportam mudanças na mentalidade, interessando todos os aspectos dos conhecimentos e estratégias territoriais. O continente europeu torna-se a cena principal de guerras, nas quais se enfrentam as grandes potências; a partir da última década do século XV, a introdução das armas de fogo móveis constringe uma intensa reestruturação das defesas urbanas, seja com o restauro do perímetro das muralhas fortificadas, seja com a reconstrução dos primeiros sistemas de castelos fortificados. Neste setor tem um interesse inovador singularmente importante. Na primeira metade do século, na Itália, inúmeros arquitetos, engenheiros, artistas e homens cultos (frade Giocondo, Leonardo, Michele Sanmicheli, Antonio da Sangallo, Giulio Romano, Michelangelo, Albrecht Dürer), junto aos políticos (Nicolau Maquiavel, Andrea Gritti, o duque de Montefeltro) e aos matemáticos (Niccolò Tartaglia), ocupam-se de arquitetura militar tanto como teóricos, através de seus textos ou, como técnicos, nos projetos pelos quais são responsáveis.

23

Figura 2: *Exposição e venda de mercadorias nas proximidades das muralhas e de uma porta urbica e passeio nos espaços públicos urbanos. Miniatura flamenga de 1470.*
Bruxelas, Bibliothèque Royale, ms. 9066, f. 11r, DHA

Normalmente, os custos para construir novas fortificações são sustentados por boa parte das comunidades interessadas, obrigadas em fornecer a mão-de-obra, a qual, devido às dimensões da obra e rigor técnico exigidos, tem forte incidência tanto no balanço urbano como na disponibilidade de trabalhadores braçais e de técnicos. Por outro lado, é evidente que a construção de muralhas dos bastiões requer não somente uma força de trabalho rigidamente organizada na obra, mas também, em perspectiva, um grande número de homens que se ocuparão de uma defesa ordenada.

Por necessidade, os mesmos príncipes se transformam em amantes das técnicas de assédio e de defesa até, às vezes, eles mesmos se tornarem especialistas e mesmo tratadistas. Assim, freqüentemente, nas primeiras décadas do século XVI, as exigências civis e, em parte, até mesmo as eclesiásticas passam em segundo plano, tornando-se prioridade as operações urbanísticas conduzidas em nome do Estado, por necessidade e sob a direção de especialistas da arte da guerra. Mas o impacto no inteiro tecido urbano pode se tornar elemento de desestabilização.

O período de mudanças mais crucial é aquele que precede a metade do século XVI (1544-1550). Em uma época de grandes tensões político-militares, desenvolvem-se novos processos econômicos (a importação do ouro nas Índias, o aumento do preço do trigo), cujas conseqüências são avaliadas em um território geográfico dilatado e, de maneira particular, em torno à bacia do Mediterrâneo. Em termos gerais, esses novos processos econômicos favorecem um brusco aumento de disponibilidade financeira que se reflete também em obras edilícias. São principalmente as grandes potências que se aproveitam dessa situação: a Espanha, mas também a França de Francisco I e de Henrique II, e praticamente todos os Estados da Europa do Norte, Flandres de maneira particular; mas participam desse clima também os estados pontifícios e a República Vêneta.

A Decoração Urbana e os Grandes Edifícios Públicos e Particulares

Em síntese, podemos reconhecer quatro linhas de tendência segundo as quais se renovam as cidades européias: 1. uma atenção capilar e difusa para a reabilitação urbana, principalmente através da retificação e ampliação das ruas existentes; 2. a realização de novos tipos edilícios, com efeitos de redistribuição da propriedade fundiária, da abertura de novas ruas, principalmente nos bairros pobres ou da mudança do traçado daqueles existentes, do redesenho de novas praças (às vezes da forma geométrica, circundadas por fachadas uniformes ou arborizadas) que se estendem no denso traçado urbano medieval; 3. ampliação de bairros, "acréscimos" que modificam as dimensões e a hierarquia funcional de algumas cidades; 4. a elaboração teórica e aperfeiçoamento de modelos de referência.

Nem sempre as quatro direções podem ser distintas claramente uma em relação à outra: muito pelo contrário, na maior parte das cidades italianas, os estudos de casos mostram que a renovação urbana resulta da combinação delas.

Porém, podemos observar que nas grandes cidades geralmente prevalece a pesquisa tipológica edilícia. Existem mudanças que interessam o inteiro contexto urbano (por exemplo, em Florença, Roma, e Milão, principalmente no final do século); outras estão relacionadas somente com algumas partes da cidade, uma praça, eixos viários importantes (como aconteceu em Palermo, Gênova, Nápoles, Veneza, Mântua, Vigevano, Gubbio). As iniciativas da terceira modalidade de intervenção, os "acréscimos" (como nos casos de Pienza, Ferrara, Urbino, mas também de Antuérpia), freqüentemente têm funcionado tanto para instigar quanto conferir as elaborações teóricas.

Enfim, na maior parte das experiências urbanas européias, o tema permanece aquele do aperfeiçoamento dos organismos urbanos consolidados em suas dimensões e funções: o comportamento e o ornamento dos edifícios principais, a organização dos espaços públicos, a realização de novos conjuntos públicos ou particulares.

PARIS

Em 1420 por um breve período, Paris se torna a sede da corte. Depois, de 1462 até o século XVI, a cidade de Lutecia deixa de ser a capital do reino da França. Todavia, o trauma sofrido em Paris é menos forte do que, por motivos análogos, em Roma, Palermo, Copenhague, Kiev, e algumas cidades espanholas. Em Paris, o ritmo das transformações físicas é menos influenciado pelos eventos políticos. Paris permanece uma das maiores cidades européias, intersecção de diretrizes de tráfego comercial, pólo de um desenvolvimento territorial já adquirido e lugar de ocupação universitária importante. A sua rede viária é muito densa: algumas ruas têm 5-6 metros de largura, enquanto as principais chegam a ter 8-9 metros; no entanto, o resto do sistema tem ruas muito estreitas (igual a 1,5 metros). A repartição hierárquica dos eixos urbanos corresponde à distribuição da riqueza nas diversas áreas, nas quais trabalham as classes médias e populares. É sabido, por exemplo, que a área dos lombardos (assim chamada porque em tempos longínquos, moravam, relativamente concentradas, pessoas provenientes de cidades italianas do norte, que se dedicavam prevalentemente a empréstimos e à usura) tinha um caráter severo e discreto, silencioso, sob o aspecto arquitetônico. Ao contrário, nos bairros mercantis (Saint-Martin-des-Champs, Saint-Eustache), a fragmentação edilícia e a tortuosidade das ruas eram enriquecidas pelo entusiasmo das trocas e pela quantidade de cartazes fixados em todos os imóveis. Aqui era evidente a importância que a componente burguesa tinha adquirido na vida parisiense e na própria morfologia do espaço físico. Descrições e crônicas urbanas evocam o variado e riquíssimo vórtice de mercadorias expostas nos Halles ou nas ruas artesanais circunstantes, caracterizadas pela reunião de setores divididos por especialização (os construtores de barcos e os capitães de navios, os pintores, os livreiros, e os vendedores de pergaminhos, os açougueiros, os seleiros e os trabalhadores do couro): ilustram uma realidade que somente poucas capitais européias podiam ter em comum. Dessa maneira, o tecido urbano século XV fornece uma imagem quase diagramática pelos modos com o qual ele é usado pelas principais componentes sociais.

Por outro lado, não somente o trabalho, mas as residências dos parisienses

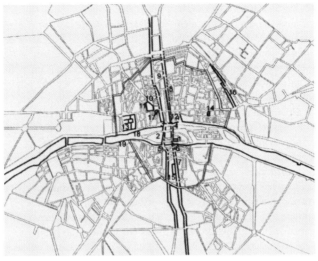

1	Notre Dame	8	Rue St.-Martin	14	St.-Paul
2	Île de la Cite Cité	9	Rue Dt.-Denis	15	Sorbonne
3	Pont Notre Dame	19	Rive gauche	16	Rue de Tournelles
4	Pont au Change	10	St.-Eustache	17	Chatelêt
5	Pont St.-Michel	11	Halles	18	Rive droite
6	Petit Pont	12	Place de Grève		
7	Rue St.-Jacques	13	Louvre		

Figura 3: *Planta esquemática de Paris com a Rive droite, la Cité e la Rive gauche e as quatro pontes antigas, século XVI. Desenho da autora.*

tendem a distinguir-se por zonas em relação às categorias dos habitantes. Os palácios são construídos à margem direita do Sena, nas proximidades das propriedades reais; ilhas de grandes dimensões, ocupadas pelos hotéis aristocráticos, constituem uma grande parte do tecido ocupado daquelas áreas, tendo colocado os pressupostos de seu desenvolvimento durante os séculos XVI e XVII. As classes mercantis e artesanais, subdivididas por corporações, ao contrário, se instalam nas áreas de maior densidade dos fluxos comerciais (no entorno dos Halles ou da Place de Grève). Aqui o aproveitamento do espaço era muito intenso: as residências das classes média-baixas freqüentemente eram constituídas por um único espaço, em edifícios de estrutura de madeira com um ou dois andares. Porém, existiam também residências mais amplas, com apartamentos de cinco ou seis quartos. Muitos imóveis, localizados na zona de expansão burguesa, isto é, além das muralhas de Felipe Augusto, eram de pedra com bodegas no térreo e ambientes de apoio localizados internamente ao lote. À expansão da área urbanizada corresponde um desenvolvimento das principais infra-estruturas: a formação de base é constituída por quatro pontes no Sena, com edifícios nas laterais, que, em correspondência da ilha central, comunicam-se com as três partes da cidade (Rive droite, Cité, Rive gauche). Nessa malha se desenvolvem as diferentes organizações da margem do rio e a complementação do sistema de esgotos.

Portanto, a vitalidade urbana resiste mesmo quando a corte não está mais presente na cidade: não é acometida pela longa depressão que ocorre em seguida à peste de 1348-1349; no período de Carlo VII, mantém-se, quando as casas abandonadas chegaram a ser 24 mil e a saúde e higiene pública alcançou um nível baixíssimo. Em 1438, o rei vinha raras vezes na cidade, mas havia sinais que substituíam sua presença e sua autoridade. A antiga capital tinha parado de ser um centro produtivo. Apesar disso a cidade consegue manter ainda o próprio nível internacional; pouco a pouco ela se torna um centro de consumo e de trocas do artesanato de luxo, um lugar de atração para os mercantes de passagem que operam, no mercado supranacional, um pólo administrativo e de cortesãos. Na metade do século XV, a atividade bancária, conexa ao desenvolvimento mercantil, tinha quase desaparecido. Mas começa uma fase de relações internacionais marcada pelas novas elites urbanas. Inicia-se uma série de trabalhos de transformação urbana promovidas pelas grandes famílias aristocráticas (entre os mais importantes, o complexo de Tournelles com seu entorno e a igreja de Saint-Germain-l'Auxerrois) localizado à margem direita do Sena.

Por outro lado, a existência de uma ocupação universitária caracteriza a margem esquerda do Sena. Apesar do altíssimo nível dos estudos e da grande afluência de estudantes e docentes, Paris parece ter circunscrito a universidade em um setor externo à vida urbana, de maneira diferente do que acontece na Inglaterra ou na Polônia.

Portanto, a cidade mantém por muito tempo as três principais componentes bem distintas – comercial, administrativa e cultural – e suas recíprocas posições (respectivamente na Rive droite, na Cité e na Rive gauche).

Figura 4: Jean-Yves Trocaz, l'Île de la Cité com as quatro pontes antigas sobre o Sena, todas com uma densa fila de casas construídas nos lados externos. Paris, Musée Carnavalet.

2. O TECIDO EDILÍCIO E AS MURALHAS URBANAS

A Reconstrução do Perímetro das Muralhas

O século XV se distingue também, nas cidades européias, por uma grande quantidade de intervenções de reconstrução dos perímetros de suas muralhas. Freqüentemente, trata-se de levá-las mais para o exterior ou, na construção de um segundo anel, modernizado sob o ponto de vista técnico. Na maior parte dos casos, essas obras não se ligam tanto a uma expansão física da urbe como a uma revisão das grandes hierarquias funcionais, do papel e da imagem dos lugares urbanos da cidade.

As conseqüências são medidas também pela estrutura dos subúrbios. Diminui a integração funcional entre cidade e área rural, mas também aquela correspondente organizativa da malha territorial: como enfatizam as representações pictóricas, as subdivisões administrativas internas não correspondem mais àquelas do condado contíguo. A necessidade de aumentar a superfície cultivada e de realizar novos investimentos fundiários anda paralelamente com o progresso técnico (saneamento, sistemas de irrigação) e constitui a premissa para uma valorização do território agrícola, com assentamentos satélites, casas e casarões, por exemplo, na Lombardia, no Vêneto e em Valdarno.

As cidades flamengas têm um incremento limitado da área urbanizada e, apesar disso, quase sempre a construção de um segundo anel de muralhas deixa de fora subúrbios densos de população; em geral, essas novas muralhas delimitam espaços entre o novo perímetro e aquele precedente, que permanecem longamente sem edificações, como o demonstra a leitura das plantas do século XVI de Bruges, Gand, Namur. Não é fácil estabelecer se foi uma sub-avaliação do ritmo de crescimento (em relação àquele acelerado dos séculos anteriores), ou se as escolhas do projeto devem ser explicadas prevalentemente em termos de estratégia militar. Isto é, com uma previsão de assédios e de necessidades agrícolas, de pastagens e de acumulação hídrica no interior da área a ser defendida ou, então, com uma idéia de cidade diferente e das relações entre suas partes. Em Gand, a ampliação do anel das muralhas acontece de maneira independente do crescimento do número de habitantes; esses tinham chegado, nos meados do século XIV, a sessenta mil pessoas e no século seguinte foi marcado por uma diminuição de poder nas mãos dos extratos superiores da população (segundo um processo em ato em muitas sociedades urbanas). Uma boa parte da população continua a ocupar os subúrbios, enquanto dentro das muralhas o desenvolvimento é explicado, principalmente com o acréscimo das exigências e com os costumes dos extratos superiores da sociedade urbana. Dentro do perímetro, aumenta o espaço à disposição (graças também a um sistema de ascensão das águas e de alargamento das áreas rurais circunstantes); o tecido social é modificado graças à expulsão dos extratos inferiores e turbulentos; adquirem

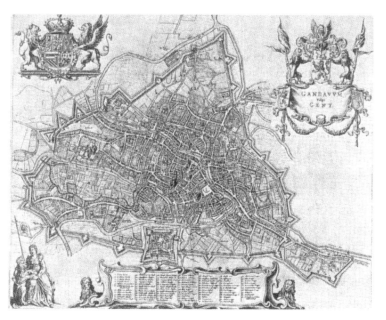

Figura 5: Gandanum, vulgo Gent, *planta da cidade com o traçado das muralhas e consideráveis quantidades de terrenos cultivados dentro do perímetro*. Jean Bleau, Novum ac Magnum Theatrum Urbium Belgicae Regiae, Amsterdã 1662-1665.

grande importância os edifícios públicos municipais localizados nas praças do centro, fortemente reestruturados nas dimensões, na forma de conjunto e no tipo de uso.

Mesmo em Amsterdã, as sucessivas ampliações ocorridas na segunda metade do século XIV tinham levado a cidade a uma superfície geral que permaneceu modesta (110 hectares); em 1481, foi construído um novo anel que, junto ao rio, é ainda um simples recinto de madeira. O interior da área ocupada é bem densa, constituída também por casas de madeira, em geral, cobertas com palha. Porém, a imposição de uma normativa edilícia severa, revela o grande perigo de incêndios, que diferencia o contexto urbano inteiro e a nova postura assumida pela municipalidade em relação às transformações urbanas.

Ao contrário, na área mais oriental da Europa do Norte – caracterizada por inúmeras ocupações urbanas e pela grande importância das cidades comerciais próximas à Hansa, sob a guia de Lübeck – o que parece ser importante é o controle do sistema de mercados. No século XV, as dimensões das cidades variam entre 25 mil habitantes e os dez mil de Lüneburg: portanto, tratam-se de centros médio-grandes, condicionados por substancial integração das classes mercantis que os governam. A riqueza é difundida em largos extratos da sociedade; às vezes, a ela correspondem investimentos de certa importância, na construção residencial. Mesmo se os objetivos de crescimento das classes dirigentes são explicados principalmente em uma dimensão sobre-territorial, os mercadores "viajantes" encontrados na Hansa são mais ricos e têm maior prestígio do que os mercadores "sedentários", encontrados nas corporações das artes e ofícios. Para eles, as cidades não constituem um objeto importante para se apropriar como instrumento para dominar o território. Enfim, diferentemente da Itália, onde muitas cidades eram cidades-Estado, aqui prevalece a formação de Estados classistas. Isto significa que se na Itália o território vai se organizando como zona dominada pela cidade, na região hanseática, o território se configura, principalmente, como uma rede de centros habitados. Acontece, então, que na Europa do Norte as ocupações se estabelecem e deixam de expandir-se, permanecendo na condição de núcleos médio-grandes. Faltam os fenômenos de urbanização e imigração das zonas rurais, típicos da condição italiana do fim do século XV.

Apesar disso, Lübeck, situada em uma posição feliz para o tráfego comercial, no cruzamento de dois rios e distante do mar Báltico apenas catorze milhas, é descrita pelos cronistas como uma cidade complexa, equipada com um porto continental dentro da própria área urbana. A construção urbana é organizada em volta de um grande vazio retangular, em cujas proximidades se concentram as habitações de maior prestígio, circundado por bodegas, onde, durante séculos, mercadores, pequenos ou grandes, continuaram a se reunir, a cada manhã, para tratar de negócios.

A Forma das Muralhas: Bastiões, Rivellini[1] *e Portas* Urbiche[2]

O perímetro das muralhas medievais em tijolos, agora resulta facilmente expugnável graças às novas armas e às bolas de canhão em ferro. Para poder controlar um território suficientemente vasto, nunca foram tão necessárias muralhas altas, mas essas necessitam também da proteção de um glacis (a inclinação externa da contra-escarpa): devem ser incorporados nos sistemas de fortificações bastiões e *rivellini*, sobre os quais podem ser montados os canhões e por onde pode-se responder com fogos de fila aos ataques. Não somente os novos e grandiosos edifícios municipais, mas também as novas e maciças portas *urbiche* em Flandres (Amersfoort, ca. 1400, Haarlem, 1450), assim como na Alemanha (Lübeck 1466-1478), são expressões de orgulho cívico e manifestação de uma competição recíproca entre os centros da Europa do Norte.

Porém, a atenção para o sistema de defesa é absolutamente genérico, mesmo quando assume formas diversas, ligadas à morfologia dos lugares, no início do século, Gênova está ainda sob a proteção francesa. Entre 1401 e 1409, o governador Boucicault intervém ativamente no desenvolvimento urbano com a reconstrução do Castelletto (destruído durante lutas precedentes) e a fortificação das torres do dique, isto é, do conjunto das defesas. Ele faz parte de um desenho de política territorial (com a cessão de Pisa para

---

1. Em italiano, *rivellini* sao fortificações construídas em frente às portas das fortificações medievais como proteção aos ataques dos inimigos. Ver *Dizionario italiano Sabatini e Coletti*, Florença: Giunti, 1997, p. 2283.
2. *Urbiche* eram portas que delimitavam uma cidade, construídas com o escopo de defesa. Do latim *ŭrbicum*, deriva de *ŭrbs* "cidade". Ver *Dizionario italiano Sabatini e Coletti*, p. 2870.

Figura 6: *Diebel*, Lubeca Urbs Imperialis Libera Civitatum Wandalicorum et Inclitae Hanseaticae Societatis Caput, *vista de parte da cidade de Lübeck com o porto, os moinhos sobre a água, um trecho das muralhas e as igrejas emergentes no tecido urbano. Xilografia, século XVI. Museum für Kunst und Kulturgeschichte der Hansestadt Lübeck.*

Florença e a compra de Livorno) que tende a desenvolver o caráter financeiro da economia genovesa. Com esses pressupostos, Boucicault inicia também uma transformação geral na área portuária, que de ponto importante de trocas mercantis, torna-se lugar de acordos financeiros. Durante esses anos, a cidade não se expande, mas se modifica em seu interior, com processos de fusão de propriedades, em favor dos "hotéis" dos nobres. E durante todo o século (portanto também com o domínio dos Sforza), Gênova começa a potencializar as construções de fortificação (com a finalidade de fazer frente às possíveis insurreições das classes populares e artesãos da cidade). Nesse meio tempo, aumenta – é a outra face da transformação – o poder das classes nobres, já instaladas nos pontos mais significativos do tecido urbano, utilizando, também, para esse fim, as características tipológicas e de linguagem arquitetônica de seus produtos artesanais residenciais (com referências à arquitetura espanhola).

Em outros lugares, é perseguida uma política de colonização interna: Cortemaggiore (1479), como Valbonne (1519) e as cidades acampamento – Puerto Real (1483) ou Santa Fé de Granada (1492) – exemplos da experimentação de novas técnicas no desenho geométrico, das obras de defesa realizadas pelos reis católicos, durante a guerra contra os mouros. No Estado Vêneto, ao contrário, a revisão do sistema das fortificações constitui um exemplo precoce de tradução do debate, sobre as competências técnicas e políticas dos especialistas e magistraturas, em modelos a serem realizados. As intervenções de reorganização da cidade lagunar – com a reconstrução dos dois castelos de S. Nicoló e de S. Andrea di Lido, além da reorganização dos centros do interior veneziano (com a reconstrução de trechos das muralhas ou das fortificações em Brescia, Pádua, Treviso e em Verona) que o conflito cambraico[3] tinha revelado serem fracas; a realização

---

3. O conflito cambraico se refere à Liga de Cambrai (imperador Maximiliano I; o rei da França, Luis XII; o rei de Aragão, Ferdinando, o Católico e o Papa Giulio II), em 1508. Devido a essa aliança, Luis XII declara guerra a Veneza e a derrota em Agnadello. Como conseqüência, a República

Figura 7: *Diebel*, Lubeca Urbs Imperialis Libera Civitatum Wandalicorum et Inclitae Hanseaticae Societatis Caput, *detalhe. Xilografia, século XVI. Museum für Kunst und Kulturgeschichte der Hansestadt Lübeck.*

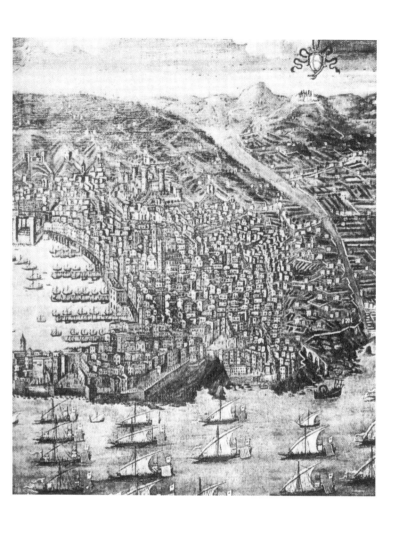

Figura 8: *G. de Grassi. Il Castelletto (no bairro do dique) de Gênova em uma pintura do século* XV. *Pegli, Civico Museo Navale.*

totalmente nova de dois sistemas de fortificações, em Asola e em Legnago-Porto no Adige; e, sucessivamente, a construção da nova cidade fortificada de Palma; a contemporânea revisão do sistema de castelos, distribuídos ao longo das fronteiras vêneta-imperial; o abandono de alguns pontos estratégicos – revelam um projeto de conjunto que é perseguido, seja com algumas incertezas e não poucas contradições, em um longo arco de tempo (todo o século XVI). Se a isso se acrescenta, em 1517, a necessidade de terminar rapidamente os largos, por insistência do futuro doge Andrea Gritti, torna-se compreensível até que ponto as motivações da guerra, nessa fase, foram determinantes na definição de projetos para as cidades súditas da Serenissima, projetos que comportam, necessariamente, também um repensamento consciente de suas estruturas civis. Por fim, entre os anos de 1510 e 1530, na área territorial dominada pela Serenissima se verificam, contemporaneamente, o nascimento de uma concreta ciência balística e a difusão de novas e atualizadas técnicas de planejamento. O nome de Michele Sanmicheli é somente o mais famoso entre uma série de engenheiros e peritos, enviados como funcionários a serviço da República Vêneta, nos centros do domínio marítimo e terrestre, para fazer um levantamento sobre as condições reais e realizar projetos de adaptação às novas exigências.

O agravamento da situação militar mediterrânea, que é um contrapeso à intensa militarização das principais cidades da Itália meridional, sob iniciativa de Paolo III, também envolve Roma em um grandioso plano de renovação das suas defesas. A partir de 1537, Antonio da Sangallo é encarregado, em boa parte, de uma das fases de projetos, a qual prevê a reutilização parcial das muralhas aurelianas. Aproveitar as colinas para construir obras com bastiões; em alguns trechos, alargar o perímetro das muralhas (na cidade

---

Vêneta passa por uma fase de grande precariedade e perigo: de repente, os venezianos percebem que sua cidade capital não é tão invencível como pensavam. Porém, Veneza resiste, se organiza, e inicia uma hábil política diplomática, recuperando logo seu papel no contexto europeu.

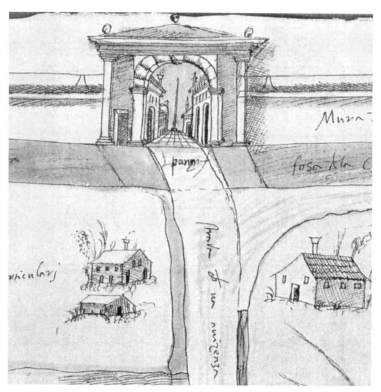

Figura 9: *Anônimo, Zona de Porta Vescovo em Verona, com o traçado das muralhas e do fosso externo, a estrada para Vicenza e os campos particulares. Detalhe de um desenho sobre papel colorido em aquarela de 10 de junho de 1557.* Autorizado pelo Ministério dos Bens e as Atividade Culturais, secção de reprodução de fotos do Arquivo de Estado em Veneza (ato de autorização n. 22/2001 de 26 de abril de 2001). AEV, Provveditori sopra beni inculti, Processi, b. 64. dis.1557.

leonina) para incluir morros; em outros pontos, pensar a retirada das defesas (no Aventino): é um projeto global, em que o pontifício impõe um novo tributo sobre a farinha e, a partir de 1542, um imposto muito alto nas rendas das igrejas e das obras de caridade. As obras foram interrompidas diversas vezes e retomadas com papas sucessivos, sendo só parcialmente concluídas. Mesmo em outros lugares, nos Estados pontifícios, são realizadas obras grandiosas. Por exemplo, em Parma: dos Sforza, a cidade passa ao domínio do papa, entre 1500 e 1545. Já em 1508, as muralhas medievais tinham sofrido as primeiras transformações, com o acréscimo de catorze bastiões construídos sob a direção de Giangiacomo Trivulzio e destinados mais tarde a sofrer várias demolições e reconstruções. Em 1526, Clemente VII convida Antonio da Sangallo, o Jovem e outros engenheiros (entre os quais Michele Sanmicheli) para inspecionar e reforçar as defesas das duas cidades de fronteira do Estado (Parma e Piacenza) para poder enfrentar a temida invasão de Carlo V. Um desenho complexo de Sangallo indica os baluartes "defeituosos" e aqueles a "serem realizados". Iniciam-se imediatamente as obras, tanto em Parma quanto em Piacenza, com a implantação de enormes canteiros, que têm um grande impacto na vida econômica das cidades (e sobre todas as obras em andamento, que serão penalizadas), mas têm impacto, também, no recrutamento de mão-de-obra para a construção, devido à urgência com que se pretende terminar a obra.

Em Mântua, entretanto, a reconstrução do perímetro leva a renovar toda a estrutura implantada. Encarregado por Federico Gonzaga em 1526, Giulio Romano aperfeiçoa um projeto de ampliação da cidade para o sul, com novas fortificações em direção ao castelo; ele prevê um sistema de ruas quase paralelas, em direção às portas, cortadas por um eixo perpendicular que conduz à praça do mercado. Uma das particularidades do plano consiste na sistematização dos jardins dispostos nas laterais. Mas, além disso, são reorganizadas as praças medievais de S. Andrea, delle Erbe (das Ervas), del Broletto e Sordello.

FERRARA

Entre os antigos Estados italianos, o da capital pertencente à família dos Este, Ferrara, é um caso exemplar de reprojetar, contemporaneamente, o sistema de fortificação e o tecido viário e edilício.

Em 1451, o "acréscimo" promovido pelo duque Borso implica no saneamento, na drenagem dos terrenos, no alinhamento do canal, na construção sobre ele de uma rua retilínea, como sendo a espinha de uma série de ruas ortogonais: tal sistema dá origem à formação de quarteirões destinados à edificações, inseridos em um novo perímetro de muralhas. O centro cívico, porém, não sofre nenhuma mudança; o modelo de funcionamento geral da cidade não se modifica. Em resumo, até o século XV avançado, as transformações do tecido urbano acontecem de maneira intermitente, em episódios consecutivos; estão relacionados a grandes conjuntos arquitetônicos localizados às margens da cidade. A grandiosa iniciativa promovida por Hércules, quarenta anos mais tarde, para renovar e ampliar a capital, marca uma inversão de tendência; ela é diferente também das iniciativas tomadas, nesse mesmo período, em outras cidades italianas. Preocupações estratégico-militares impõem inserir certo espaço entre o castelo e o limite fortificado; considerações político-econômicas tentam favorecer o crescimento demográfico e físico da capital; aspirações de pôr uma ordem geral, levam à procura de modelos arquitetônicos com nível urbanístico e social mais atualizado. Há um interesse em promover o afluxo dos habitantes da cidade (aproveitando de maneira particular, o êxodo obrigatório dos judeus da Espanha); afluxo entendido como motor de desenvolvimento.

As obras (1492), dirigidas pelo arquiteto ducal Biagio Rossetti (1447-1516), desviam o limite do espaço *intra moenia* (dentro das muralhas da cidade), muito mais para o oeste, englobando algumas importantes instituições religiosas, realizadas precedentemente, como a Certosa (fundada por Borso, em 1452), a igreja do Corpus Christi (fundada por Nicolau III, em 1415), o monastério dominicano de S. Maria degli Angeli (também fundado por Nicolau III, em 1403) o Hospital Sant'Anna (reconstruído por um bispo na época de Leonello em 1443-1444). É construído um fosso bem largo e um novo perímetro de muralhas, que parecia bem definido em 1493

Arquivo

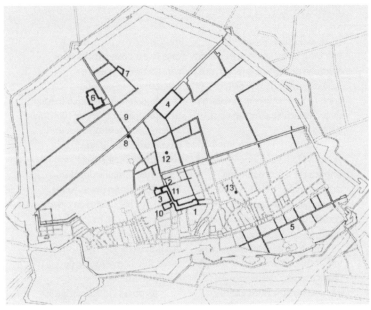

1 Praça de Ferrara com a catedral, o palácio della Ragione, a corte nobre e o mercado urbano
2 Pracinha della Pescheria
3 Praça delle Biade
4 Praça Nuova, fundada por Ercole
5 Ampliações de Borso
6 S. Maria degli Angeli
7 Certosa
8 Palácio dos Diamantes
9 Via degli Angeli
10 Palácio de Corte d'Este
11 Via Coperta
12 Hospital Sant'Anna
13 Monastério de Corpus Domini

Figura 10: *Planta de Ferrara, indicando as ampliações de Borso e de Ercole e com as diversas intervenções realizadas entre 1403 e 1510. Desenho da autora.*

mas será completado somente em 1510. O novo sistema de fortificações será reforçado no século sucessivo com terraplanagens e baluartes, então já com dezesseis torres e três portas. A área urbana, de fato, dobrou e está dividida em duas partes bem distintas, uma zona antiga densamente construída e um amplo território dividido por uma malha de largas ruas retilíneas: o *corso*[4] della Giovecca deixa de ser a rua do anel viário fora das muralhas e se torna a rua urbana principal. A obra é realizada paralelamente com a vontade de mudar o baricentro

---

4. *Corso* é uma ampla rua urbana. Ver *Dizionario italiano Sabatini e Coletti*, p. 610.

Figura 11: *Pellegrino Prisciani, A praça de Ferrara: a catedral, a* loggia *dos Calegari e o palácio della Ragione,* xv ex.-xvi in. Desenho obtido da Historarum Ferrariae Liber ix, AEMO, *Biblioteca, ms. n. 133, c. 19r*

do núcleo urbanizado, para fazê-lo coincidir com o castelo, que, sem ser um centro cívico – permanece uma fortificação com a forma de um único conjunto monumental –, se encontra então, em correspondência ao cruzamento urbano central. Nesse meio tempo, as edificações ducais resultam visualmente separadas da cidade, enriquecidas por jardins, *logge*[5], árvores de fruta; foram pavimentadas as praças que o circundavam e afastadas as atividades pouco apropriadas a uma residência principesca (1474-1477): barracas de feira, açougues, padarias, estalas e bodegas. A velha e degradada passarela de madeira que interligava a corte com o castelo foi substituída por uma nova edificação de grandes dimensões, "uma rua coberta" de interligação entre a sede dos edifícios administrativos, a residência da família ducal e as moradias da guarnição urbana.

No final do século xv, o duque de Ferrara decide finalmente ampliar e, contemporaneamente, renovar a disposição das áreas centrais e a forma física do conjunto. O elemento de base do grandioso

---

5. *Loggia* é um edifício ou parte de edifício aberto em arcos, em um ou mais lados, com cobertura sustentada por pilares ou colunas. Na Idade Média, era o lugar de reuniões de pessoas que exerciam a mesma arte ou era um lugar de mercado. Ver *Dizionario italiano Sabatini e Coletti*, p. 1424.

Figura 12: *O desenho de Ferrara velha de 1490, século XV: em primeiro plano vê-se a praça central circundada pelos pórticos, no fundo a área ainda não cultivada de Terra Nova, inspecionada por Ercole d'Este, a cavalo. Módena, Biblioteca Estense Universitaria.*

e potente projeto foi a Praça Nuova, prevista no interior da ampliação: ela deveria ter se tornado o novo centro cívico, alternativo ao tradicional espaço, no coração do tecido mais antigo. As novas áreas urbanas deveriam se interligar à cidade preexistente, evitando sobreposições de variadas atividades comerciais. As duas redes viárias se cruzam entre si, introduzindo as hierarquias funcionais já existentes em um novo sistema que as modifica. O plano deve ser realizado progressivamente ao longo do tempo e por obra de vários arquitetos e empreiteiros. Porém, são fixados os pontos fundamentais do cenário urbano. As ruas são pensadas como guias perspectivadas, capazes de indicar regularidade e dimensionamentos otimizados; os edifícios importantes, localizados nos pontos focais, qualificam o tecido urbano com qualidade e prestígio. Essas intervenções constituem um instrumento para controlar o inteiro desenvolvimento da cidade e para subordiná-lo à vontade do príncipe; mesmo levado por um comportamento realístico, devido às exigências de ordem econômica e fundiária, essas intervenções suscitam maus humores e aversão em transferirem-se para a "Terra Nova", por faixas consistentes da população.

3. AS RUAS

*Retificação e Alargamento das Ruas
e dos Cursos Aquáticos*

Uma imagem da topografia urbana no final da época medieval, talvez um pouco forçada, mas não completamente errada, é aquela de uma densa malha e de uma sucessão de ruas estreitas, ladeadas por edifícios altos, apenas eventualmente interrompidas por espaços verdes, hortas, ou pátios internos. É certo que, no início da Idade Moderna, as intervenções de retificação da rede viária parecem constituir um dos objetivos a serem incentivados; elas são o resultado de exigências técnicas, razões higiênicas, mas também resultado de um conceito de estética diferente. Assim, o eixo das ruas parece assumir, nessa fase, o papel de protagonista nas operações de renovação. São também ampliados os portos e alargadas e tornadas mais profundas as principais vias aquáticas.

Aliás, cada vez mais freqüentemente, nos países do norte, assim como nas grandes cidades mediterrâneas, as ruas urbanas são usadas por pessoas a cavalo e por carroças puxadas por animais, o que comporta um aumento gradual de escala no projeto da rede viária. São exigidas bitolas mais largas, que permitam, ao mesmo tempo, tanto o trânsito dos veículos como o dos pedestres, e trechos retilíneos para possibilitar a locomoção a uma velocidade maior. A melhora dos transportes constitui, portanto, uma incitação à renovação do desenho da trama dos percursos. De certa maneira, a rua se qualifica agora, de maneira autônoma, funcionalmente (como sede importante das atividades de trabalho, como motivo de concentração de artes e ofícios, ou como lugar de encontro e de trocas comerciais) e do ponto de vista de uma conformação adequada e hierarquizada. A idéia da rua retilínea é coerente com as novas necessidades e com esses conceitos, que, por outro lado, remetem aos estudos contemporâneos dos pintores sobre a perspectiva central.

No início do século XVI, as disposições das ruas "modernas" são regidas prevalentemente no alinhamento de diversos edifícios de mesmo aspecto, com implicações relativas também quanto à distribuição dos serviços; de modo equivalente, por exemplo, a proposta de Leonardo, para organizar a rede hídrica de Florença (1503), foi pensada com base em uma rede ortogonal, sobreposta à malha viária.

Mas os esquemas realizados são flexíveis: adaptam-se às funções desenvolvidas e à natureza do lugar, graças também à intervenção de magistraturas apropriadas. Se a rua ideal dos séculos XV e XVI é a linha reta, isso acontece de fato somente em trechos, através das modificações parciais e nunca completas do tecido urbano. Muitas vezes, era mais importante uma impressão de regularidade que a sua realidade desenhada: adaptações e soluções de compromisso para um sistema viário tortuoso e campos visuais limitados revelam-se necessárias; impõem-se até em casos de sobreposição a um esquema de herança romana, onde, quase sempre, a antiga geometria estava enfraquecida. Mesmo as ruas secundárias são freqüentemente concebidas como trechos retilíneos, em geral, menos amplos e sem pórticos. Aqui, a regularização do aspecto da rua, com preenchimento de reentrâncias ou a eliminação de proeminências, torna-se freqüente. Tentar reduzir *ad unam mensuram* os velhos pórticos ou eliminar alguns, está incluído em alguns estatutos, até com o efeito de privatizar partes de solo público (aquelas embaixo das habitações, ou os *introili*, os *vici*, ou os *pertugi*[1] entre os imóveis, perpendiculares às ruas, destinados ao escoamento de águas e ao ingresso às hortas posteriores). Algumas dessas passagens se tornam ruazinhas secundárias, outras são totalmente fechadas. Para justificar o novo rumo e as divisões, alegam necessidades de caráter higiênico, climático ou de segurança pública, ou então motivações morais, raramente são questões de caráter econômico. Porém, freqüentemente fala-se das proporções dos edifícios adjacentes, utilizando conceitos que revelam uma mudança do gosto e do modo de conceber a cidade.

 O processo não se limita ao traçado viário; interfere necessariamente em todo o tecido construído, isto é, nos edifícios juntos um ao outro, nos dois lados da rua, com poucas soluções da continuidade a pouco mencionada. A definição de um modelo da malha viária adequada às diversas exigências funcionais e um esquema tipológico básico (as casas para os mercadores, para os artistas, para os senhores, para os artesãos; as bodegas de frente para a rua ou, vice-versa, o costume de obter dinheiro do aluguel do solo público, permitindo a ocupação com bancas e estalos provisórios), condiciona os modos de construir e está presente nos tratados.

---

 1. *Introili*, *vici* e *pertugi* eram termos usados, a partir da Idade Média, para definir passagens estreitas entre as edificações ou ruas internas em um quarteirão, ruas particulares de serviço em algumas casas.

Existem exemplos particularmente significativos, diferentes entre si, porque ligados a longas histórias de modos de usos já consolidados.

Usos Mercantis, Decoros, Triunfos

Em Londres verifica-se o adensamento do tecido urbano e não a expansão do perímetro. Não existem variações na ossatura estrutural, constituída por dois eixos viários principais, perpendiculares entre si, um paralelo ao rio, com linha de expansão edilícia preferencial e lugar de intensos fluxos comerciais, e outro que atravessa o Tâmisa, implantado na única ponte existente na cidade, a London Bridge. Razões de controle fiscal e de manutenção explicam o fato de que essa única passagem sobre o Tâmisa fosse realizada dentro da área urbanizada. Na mesma época, em outras cidades fluviais, as pontes eram bem mais numerosas (quatro em Paris, quatro em Florença, com três funcionando e outras precárias em Roma).

Nesse contexto, um dos aspectos condicionantes da malha viária urbana é o fato de que os principais percursos de interligação com o território circunjacente, que interferiam também nas áreas centrais, sejam usados em seu trecho urbano como lugar de desenvolvimento de atividades mercantis. No transcorrer do tempo, as várias mercadorias se localizaram em áreas particulares, ao longo das ruas, caracterizando os trechos sucessivos; o tecido urbano inteiro resulta, dessa maneira, configurado pela dupla e contraditória função desenvolvida pela malha viária: às vezes lugar de trânsito rápido e às vezes de ocupação do solo para fins comerciais. Enfim, na cidade capital, como também em Oxford e outros centros menores do Reino Unido, como em Augsburgo, os cruzamentos mais importantes, talvez marcados por elementos de equipamento urbano, constituem a base de distribuição das práticas mercantis, reforçando o antigo esquema viário e gradualmente tomando o lugar que em outras cidades é ocupado pela praça do mercado.

Às vezes, com a finalidade de reabilitação e regularização do uso dos espaços públicos, junto à definição de limites físicos e de pontos de separação entre as atividades, são utilizados os instrumentos da arquitetura. Até mesmo a predisposição dos ingressos triunfais para uma ocasião especial, um casamento, uma festa, ou para a chegada na cidade de um soberano, tem seu papel de divulgação de alguns princípios; o vocabulário dos antigos volta à moda, emergem novos temas: nos Países Baixos ou na França (com a chegada de Francisco I, em 1518, para celebrar, em Notre-Dame, a aliança franco-inglesa com o serviço fúnebre preparado, no ano seguinte, para o imperador Maximiliano, com o ingresso de Henrique II, em Lion, em 1548, em Paris, em 1549, e em Rouen, em 1550). A palavra-chave acaba sendo "triunfo".

Malha Viária como Suporte para a Urbanização

Em Florença, o plano para obras cívicas do século XV, com precisas motivações políticas, compreende a reestruturação e regularização, através da eliminação dos esportes medievais dos palácios, da via dei Servi, trecho das estradas de interligação entre a catedral e o novo "foro" da antiga SS. Annunziata[2]. A retificação das vias Larga (hoje via Cavour) e Maggiore (via Maggio) também tem grande relevância. A primeira é reestruturada para facilitar a interligação entre o centro da cidade (Orsanmichele) e a porta San Gallo, em direção à Romanha; a segunda, para permitir a construção de alguns palácios nobres. De fato, é realizado uma espécie de anel viário da cidade, ao longo do

---

2. SS. Annunziata é abreviação de Supremo da Santíssima Virgem Maria.

qual estão concentradas as funções urbanas primárias (a catedral, a cadeia, o palácio della Signoria). A divisão em bairros é o aspecto complementar; em meados do século xv, de fato, mesmo os edifícios particulares tendem a afastar-se em direção às áreas marginais. O centro se esvazia e mais tarde é ocupado por judeus e por ofícios menores ou sujos, que se concentram ao lado dos de troca. Mesmo a urbanização da área entre as via Laura (aberta entre a praça da SS. Annunziata e o monastério do Cestello) e do Rosaio, planejada e parcialmente realizada por Lorenzo, o Magnífico, é uma operação que deve ser lida de acordo com o ponto de vista da projetação viária, como solução técnica sobre a qual é baseada uma estratégia urbana bem precisa. As intervenções ligadas à isenção de impostos (1489) constituem um instrumento para enfrentar uma nova incitação demográfica e um dispositivo econômico. O desenho do Magnífico é claro: utilizar o recavado dos aluguéis para comprar imóveis de propriedade da Arte da Troca, embelezar a cidade, construindo um bairro para as classes médias e artesanais localizado em uma área periférica, com intervenções edilícias modestas. As duas ruas paralelas (via Ventura e Laura) e aquela perpendicular (via della Pergola) formam o início de uma trama ortogonal, virtualmente extensível no trapézio irregular limitado pelas muralhas do século xiv: uma proposta de desenvolvimento ordenado e decoroso, em harmonia com um programa mais amplo, articulado também em outras áreas de propriedade do senhor. Mas o que importa relevar é que a proposta para a reestruturação de Florença, construída nas propriedades do Magnífico, baseia-se inteiramente no projeto das ruas: duas diretrizes dispostas em L entre si, a partir da praça localizada em frente à igreja dos Serviti.

 Assim, em Ferrara, na segunda metade do século xv, são desenhados dois eixos viários (e uma trama secundária às malhas ortogonais) sobre as quais se apóia a expansão urbana. Na cidade da família dos Estes, tratam-se de obras totalmente excepcionais em relação a outras intervenções coevas, em oposição, tanto de suas funções quanto da estética, com o tecido preexistente: são elas que fazem a interligação entre a porta do rio Pó e a porta do mar, por dois quilômetros e aquele compreendido entre o Castelo e a porta dos Angelis que mede um pouco mais de um quilômetro. Resta como previsão, talvez incorreta, ladeadas apenas parcialmente por edifícios, esses eixos viários, que são um componente fundamental para uma política do prestígio de uma dinastia centrada na construção, feita para não desfigurar em presença dos princípios da península, que naqueles mesmos anos faziam obras similares, de Florença a Roma, de Milão a Gênova.

Em Roma, em concomitância aos jubileus e à chegada na cidade de um grande número de peregrinos, torna-se evidente que eram carentes de estruturas viárias ou então elas eram totalmente inadequadas. Todos os pontifícios do século XVI perseguem uma modernização geral da cidade: as ruas continuam a ser adaptadas às novas exigências, tanto em sua largura quanto na direção. Freqüentemente, as "novas" ruas nada mais são que a retificação de ruas existentes. Os anos que correspondem aos pontificados de Julio II e Leão X são de particular importância para a sistematização urbana geral e, em particular, para aquela viária. Dois censos demográficos, realizados respectivamente na segunda e terceira década do século XVI, indicam claramente que as zonas mais densas são aquelas localizadas na enseada do Tevere: são os favorecidos pelas obras em estradas realizadas pelos papas da família Medici.

No entanto, mesmo no centro de Parma são realizadas obras de organização viária com certa importância: em volta da igreja e do convento de S. Alessandro e da igreja Steccata, com a formação de uma pracinha em frente e o afastamento dos açougues. A retificação da via do Duomo é de 1513; a abertura, em 1514, da via Ferrari ao longo da lateral da catedral. Nessa fase é um período aparentemente privilegiado, marcado por edifícios religiosos, enquanto permanece momentaneamente excluído o itinerário de

Strada S. Michele e praça Maggiore, que se tornarão o eixo cerimonial[3] com a região dominada pelos Farnese[4]. Para todas essas intervenções são utilizados mecanismos jurídicos *sforzeschi*[5] do final do século XV que foram instituídos – como já vimos – para regular a reabilitação urbana, permitem a expropriação de casas limítrofes favorecendo edifícios maiores e de melhor qualidade. É também documentada a vontade de manter limpa a cidade, de não criar empecilhos no trânsito, de disciplinar a presença dos animais e a manutenção da pavimentação (encarregada aos proprietários dos edifícios com frente para a rua, e tornando obrigatório para aqueles que têm a janela para a rua). Da mesma maneira, em Piacenza, no perímetro dos bastiões, além da construção das muralhas medievais sobre o traçado regularizado, em 1543, é construído o projeto de uma estrada grandiosa chamada Gambara (nome do promotor da obra, o embaixador de Paolo III, cardeal de Gambara, que para sua realização consulta os delegados da decoração e ornamentação da cidade). A estrada é projetada em dois troncos retilíneos de igual amplitude. Todos os proprietários são obrigados a vender seus terrenos a um preço pré-fixado (a venda foi obrigatória), variável de acordo com a zona; as cláusulas também são importantes, diferenciadas de acordo com as alturas dos edifícios, maiores no trecho central. Aqui foi feita uma cuidadosa previsão da rua, considerando-a um espaço público com comprimento e largura bem definidos, dotada de uma área central mais densa e de duas laterais simétricas que dela dependem, com valor e renda diferente e, portanto, com preço unitário diferente. Logicamente, a obra leva em consideração as experiências romanas e aquelas realizadas em Nápoles, mas principalmente, ela é eco da tradição de Ferrara (do acréscimo de Borso d'Este).

---

3. Eixo cerimonial é uma rua utilizada para as procissões e cerimônias civis e religiosas.
4. O duque de Parma era da Família Farnese.
5. Da família dos Sforza.

Limpeza, Manutenção, Leito das Ruas

Além das mais grandiosas aberturas de estradas, o que caracteriza o período compreendido entre a metade do século XV e as primeiras décadas do século XVI é o cuidado com a limpeza e com as obras de manutenção e remanejamento do leito das ruas, além da necessidade de recorrer a uma institucionalização dessas funções, criando responsáveis por obras viárias e nomeação de técnicos. Na capital, a reforma do corpo dos Magistri Viarum (1452), que agora pode intervir no *ex officio* com seus executores, e não somente com base em pedidos e petições, para "consertar e reformar as ruas públicas", tanto dentro como fora da cidade, é um recurso totalmente novo: mesmo respeitando formalmente as autonomias comunais, a reforma decreta a passagem dos poderes para as mãos pontífices. Em Nápoles, entre as grandes intervenções que don Pedro considera de primeira necessidade, em 1534, há a substituição, em todas as ruas urbanas, de "seixos rolados" por tijolos: nessa ocasião o vice-rei nomeia uma magistratura (provavelmente nova), a Deputação das Águas e das Muralhas, que dispõe de um arquiteto que realiza levantamentos.

Pontes

Olhando a estrutura viária de um determinado número de centros habitados, não se pode deixar de mencionar um edifício público de importância extraordinária que, segundo as dimensões, o investimento financeiro e de projeto em qualquer lugar constitui, nesse período, seu verdadeiro ponto focal: a ponte. Percurso obrigatório, lugar de interesses múltiplos, rico de valências jurídicas, fiscais, de imagem e simbólicas, nas grandes cidades fluviais ele é destinado, em primeira instância, à interligação entre a implantação de dois núcleos crescidos em margens opostas; identifica um ponto de interferência ou uma oportunidade de contato, entre o trânsito de pedestres e o das águas. As obras do século XV e XVI, de reconstrução de edificações medievais, são realmente freqüentadas e catalogadas entre as principais intervenções de renovação do sistema viário desse período. As pontes de madeira colocadas nos canais flamingos são substituídas por pontes em tijolos a arco. Freqüentemente, nas grandes "praças" de intercâmbio, o edifício é utilizado diretamente para fins comerciais, não somente em correspondência a uma das frentes; atividades deste tipo, de fato, trazem uma vantagem segura devido à posição de passagem, tanto mais que a proximidade é assegurada (o que é verdade na maior parte dos casos) com os principais pólos da vida pública. Ainda mais decisivas são as considerações de ordem financeira, ligadas mais ou menos à manutenção da edificação.

Durante o século XVI, em geral, os tipos de uso do mercado varejista quotidiano são sobrepostos ou substituídos por tipos que mais o qualificam no sentido internacional, que acabam por ser privilegiados (as tabelas de câmbio, as barracas dos ourives e dos joalheiros, ou as bodegas de sedas e tecidos preciosos) e chegam a intervir com obras de restauro ou consolidação. Os exemplos são muitos: Florença, Veneza, Paris, Lion, Londres, Berlim, Augsburgo, Nurembergue, Basiléia, são somente as mais conhecidas. Mas até nas cidades pequenas ou médias (Angers, Narbonne, Erfurt, Graz, Newcastle) ficaram alguns sinais dessa identidade, às vezes na toponomástica, às vezes na arquitetura.

Em Sevilha, desde tempos muito antigos, uma única ponte, construída sobre treze barcos ancorados no fundo do Guadalqivir e cobertos por tábuas de madeira convenientemente cruzadas e fixadas umas às outras, suportava um vai-e-vem permanente e rumoroso de passantes, cavaleiros, mulas carregadas de produtos diferentes, mendigos, peregrinos, viajantes... Ordens municipais se alternam freqüentemente com o propósito de disciplinar a circulação, para impedir o atraque de barcos e impor a manutenção das

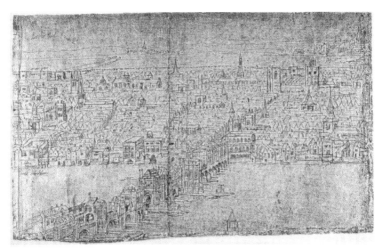

Figura 13: A. Van Wingaerde, *Panorama de Londres com a Old London Bridge em primeiro plano*. Desenho do século XVI. Ashmolean Museum, Oxford.

margens, do fundo do rio e da velha e precária estrutura. São justificadas pelo trânsito excessivo e pela necessidade de ter acesso à praça do Altozano no burgo de Trana, cheia de estaleiros e vendedores ambulantes, utilizada para descarregar as mercadorias, ponto de parada obrigatório para quem deve tratar dos próprios negócios.

Bem mais "edificado" é o trecho central da rua que atravessa o Tâmisa. Como em muitas cidades européias, mesmo na capital do Reino Unido, a ponte reconstruída em pedra, no final do século XII, é uma infra-estrutura urbana que desempenha variadas funções. A London Bridge foi construída com dois troncos desiguais, cada um apoiado em pilastras. A interligação entre os dois era garantida por uma estrutura móvel, de modo a permitir a passagem dos navios. Numerosas casas tinham sido construídas em ambos os lados de uma rua médio-larga e bem construída; três interrupções na continuidade do alinhamento dessas casas permitiam o controle do trânsito fluvial. Já, desde 1276, algumas deliberações proibiam a

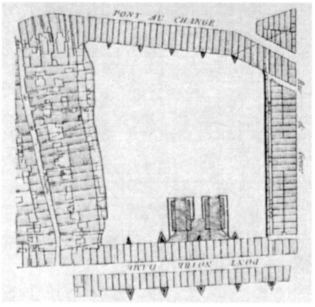

Figura 14: *A urbanização do século xv entre a Rue de la Pelleterie e a margem do Sena, entre a Ponte de Notre-Dame e a Pont-au-Change, substituída mais tarde pelo Quai aux Fleurs. As duas pontes eram cobertas por edifícios, em sua parte externa. Paris, Musée Carnavalet.*

Figura 15: *Ponte Vecchio em Florença, antes da intervenção vasariana (realizado pelo arquiteto Giorgio Vasari, N. da T.): detalhe da Vista da Catena, século xv. Florença, Museo Firenze com'era.*

atividade de feira livre, que, porém continuaram a ocorrer, na medida em que eram conexas as trocas e contratações internacionais. O pedágio obtido deveria garantir as contínuas e necessárias obras de manutenção e restauro sob encargo dos órgãos de governo da cidade. Eixo viário e de ocupação primária da cidade, a London Bridge, com o desenvolvimento da cidade, assume características funcionais e estéticas mais definidas, tornando-se um elemento qualificador da paisagem urbana. Em 1426, é imposta uma maior organização; é construída uma torre de fiscalização da porta que separava a parte norte daquela móvel.

Em Paris, na primeira metade do século, e, principalmente, com Francisco I (1515-1548) é aperfeiçoada uma política de melhoria dos pontos cruciais de trânsito e especialmente das pontes. Para algumas delas, as prescrições em relação ao seu uso eram de velha data e continuamente reforçadas durante séculos; para outros, tratava-se de reconstrução relativamente recente. Isso ocorre, por exemplo, com a ponte de Notre Dame entre 1507 e 1512. As sugestões de Giocondo (o frade veronês que já tinha pressuposto a possibilidade de uma construção em pedra no Canal Grande) e a ação continuativa do responsável pelas obras públicas urbanas, Jean Felin, permitem a reconstrução integral, a custos da Ville de Paris. Apesar das incertezas e contrastes, aqui, como também mais tarde na laguna, será realizado definitivamente um edifício sobre o qual se colocam duas filas de construções, contendo 34 unidades para bodegas e depósitos e, especialmente, nesse caso para habitações também, com pórticos voltados para a rua central. A venda era, na sua maioria, de artigos altamente especializados (jóias, porcelanas, quadros, armas, objetos de antiquários) e, somente em menor medida, de produtos de uso quotidiano (tecido, chapéus, remédios, papéis, alimentação); caracteriza as fachadas internas da ponte, voltadas para a rua central, que, por outro lado, é a continuação de um dos eixos estruturais da rede viária e se torna um grande atrativo da cidade. Em seguida, a

61

partir do edital real de 1543, inicia-se um período de intervenções concretas bem numerosas. Em 1549, a Pont-Saint-Michel também deve ser refeita, e fechada por casas cujas habitações desenvolvem atividades de tapeceiro, tinturarias, barbeiros, ferro-velho, livreiros e fabricantes de instrumentos musicais.

No mesmo ano, as passagens do Sena eram "tão largas e tendo em cima grupos de casas tão grandes [que quem os percorria tinha a sensação de estar] mais em uma praça que em cima de uma ponte".

Em Veneza, ao contrário, a imagem da velha e apinhada passagem de madeira é conservada por todo o século XV e boa parte do XVI, entre incertezas, projetos arquitetônicos não realizados e uma série de restauros parciais ou de maior importância. Assim como em Florença, onde a reconstrução em pedra da Ponte Vecchio, é anterior à veneziana de mais de dois séculos (1345); mas, a diversidade da obra e de seus materiais não implica em diferenças radicais nos modos de uso do solo ou no peso econômico, funcional e de configuração, que a ponte possui na cidade. Porém, em 1495, a propriedade das bodegas (que antes eram da prefeitura) passa a ser particular e, sucessivamente, elas se expandem em altura e balanço sobre a água.

AUGSBURGO

Augsburgo, cidade de origem romana, situada na confluência de dois rios em um planalto de forma alongada, foi urbanizada de maneira bem regular em torno de um cruzamento entre o eixo norte-sul da via Claudia Augusta, que descia na direção dos Alpes, e o leste-oeste que a interligava com Kempten, Bregenz e a Suíça. Já a primeira ocupação comercial se desenvolvia inteiramente ao longo de uma rua: ao longo da via Claudia existia uma única fileira de casas e um mercado das ervas e da fruta, totalmente externo às muralhas do burgo. O século XII e o XIV vêem uma fase de equilíbrio dos papéis e de poder entre os dois núcleos ocupacionais: a cidade do bispo e a cidade burguesa crescem gradualmente e juntas ao longo da mesma rua que as une. No final da Idade Média, Augsburgo consolidou sua posição de cidade imperial e, principalmente, suas liberdades cívicas; sem poder competir com a importância econômica de Nurembergue, nem com as aquisições artísticas de Lübeck ou de Ulma, ela, porém, colocou as bases para um período de extraordinária riqueza. Em volta de 1480, as famílias Fugger ("os maiores banqueiros da cristandade", a serviço dos príncipes, bispos e imperadores), Welser e Höchstetter já dominavam os tráfegos internacionais com a Hungria, com Antuérpia e, para o sul, com os países situados além dos Alpes.

Na cidade, a área comercial, sem nunca se tornar uma praça de forma regular, adquiriu a forma de um alargamento da rua principal que embocava no antigo mercado da fruta. Aqui, ao longo de um eixo, são renovados não somente o mercado do sal, do vinho, a padaria, mas, em seqüência, o escritório da sigla papal e dos tributos, a sala das festas e também o almoxarifado; nas proximidades da torre de Perlach, a casa dos patrícios, a casa dos mercadores, o palácio do conselho; continuando em direção à antiga muralha, o celeiro público, o matadouro e o esfoladouro.

"Casarões grandes, altos e de belíssimas fachadas [...] todos construídos de pedra e com infinitos ambientes que os deixam cheios de comodidades". Em 1511, o luxo comedido do palácio dos Fugger, com afrescos, na fachada, de um artista famoso como Burgkmair, não redesenha totalmente o espaço público, mas modifica o perfil

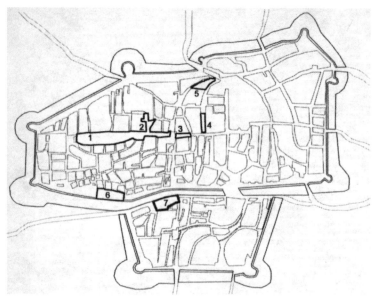

1	Mercado do sal, vinho e selos	4	Fruta
2	Casa das festas, casa dos patrícios, dos mercadores, almoxarifado	5	Bodega do grão
		6	Tributo
3	Açougue	7	Mercado dos cavalos

Figura 16: *Augsburgo, localização das atividades mercantis, prevalentemente ao longo da via Claudia (base da planta elevada da cidade, século XVI). Desenho da autora.*

e confirma sua centralidade já consolidada. A escolha de embelezamento, feita pelo rico banqueiro Jacob, confirma o processo de sedimentação do sistema viário já iniciado. Em poucos anos de distância, outras intervenções (a casa e o jardim de família, próximo às muralhas, a ampliação residencial para os pobres cidadãos de Augsburgo, a Fuggerei) contribuem para articular os pontos nevrálgicos do tecido edilício e mudar um antigo equilíbrio entre as partes, sem, porém, alterar a estrutura. Augsburgo se torna uma "metrópole" moderna, graças às obras realizadas na sua rede de estradas.

Quando mais tarde, na segunda metade do século, com a época dos grandes príncipes mercadores chegando ao fim, a energia e os interesses burgueses se dirigem para o interior da implantação, com iniciativas públicas e privadas. Mas não se trata de um "interior" genérico, e sim da própria antiga via Claudia,

Figura 17: *Perspectiva de uma festa em Weinmarkt, ao longo da espinha central de Augsburgo, a via Claudia.* Xilografia, Século XVI. DHA.

ao longo da qual sempre foi organizado o centro cívico da cidade imperial.

Agora, a municipalidade de Augsburgo gasta enormes somas de dinheiro na construção de novos edifícios considerados necessários, tanto funcionalmente, como para o enriquecimento artístico da cidade, com esculturas e pinturas. Substancialmente, a rua romana que tinha sido a base do mercado medieval, sem nunca se tornar uma "praça" regular e geométrica, por muitos séculos permanece a estrutura das atividades comerciais e administrativas: a cidade cresceu em volta.

4. AS PRAÇAS

No início da Idade Moderna não prevalece um único modelo de intervenção nos espaços abertos de uso coletivo. Todavia, podem se reconhecer procedimentos comparáveis, mesmo em situações distantes entre si. Oscila-se entre a tendência de por ordem na articulação das edificações existentes, sem acrescentar ou atenuar a individualidade, e uma tentativa de unificar a variedade de construções medievais; em geral se notam processos de regularização geométrica do espaço aberto e talvez a sobreposição de um elemento unificador aos edifícios existentes, como por exemplo, o pórtico.

Em toda a Europa, nos casos em que eram realizadas diversas funções na mesma praça, a reestruturação do século XV torna mais definida a especialização das partes individuais, em correspondência a exigências religiosas, governamentais e de mercado, mesmo se a praça permanecesse o espaço social por excelência; portanto, também

Figura 18: *Lorenz Strauch, Vista da Praça de Nurembergue,*
Pintura de 1594. *Nurembergue, Industrie und Handelskammer.*

lugar da mistura de idéias e valores, da cerimônia, do espetáculo, da improvisação. Todavia, acontece que são construídas novas praças mercantis, ocupando ruas não mais essenciais à circulação.

Nas cidades nórdicas, já na Idade Média, praça e mercado identificam (freqüentemente também nos nomes dos lugares) o centro urbano que, durante o século XV vê operações de modificações e estabilização das atividades e dos edifícios onde estão localizados. Em Nurembergue, o principal lugar de encontro e de trocas, colocado do outro lado do rio em relação ao burgo do século XIII e além da antiga ponte de madeira, assume a forma de uma larga rua de interligação, perpendicular ao curso da água. O bairro do mercado, da maneira como foi celebrado por cronistas e pintores, nasceu no final do século XIV. Em quase duzentos anos a fisionomia desse conjunto de espaços públicos muda radicalmente devido a intervenções contínuas, que acabam por modelar a grande praça urbana. Nas proximidades do município, que hospedava a câmara do conselho e, embaixo, numerosas bodegas abertas para a rua, a célebre fonte Schöne Brunnen, construída entre 1385 e 1396, e a casa pública de pesagem (1497) de Hans

Behaim, o Velho, assinalavam a transformação em andamento e os tipos de uso bem-sucedidos. Nas descrições e nas representações do século XVI, a verdadeira praça do mercado é então apresentada como um vasto espaço regular, no qual foi posicionada uma série ordenada de bancos de exposição e de venda; mas ela faz parte de um sistema, sendo ligada física e funcionalmente a um conjunto relativamente estruturado, composto por ruas paralelas, invadidas também por todo tipo de atividade comercial, porém mantidas separadas umas das outras.

Em Lübeck, no entanto, a edilícia urbana se organiza, desde sua fundação, em volta de um grande vazio retangular gradualmente transformado em dois espaços contíguos e comunicantes: um, mercantil; o outro, religioso e político, ambos separados por um conjunto edilício destinado a ter funções administrativas. A área onde, por séculos, os mercadores grandes e pequenos continuaram a se reunir cada manhã para tratar de seus negócios, é circundada por bodegas. As primeiras construções de pedra são os galpões baixos de paramentos, ao longo dos lados da praça, em correspondência ao ângulo oriental norte; a edificação, onde inicialmente também deveria estar situada a sala do conselho, no século XV torna-se lugar de encontro dos mercadores mais ricos, prestigiosos e potentes da Hansa. Ao lado do mesmo espaço, uma primeira igreja de madeira – a Marienkirche –, mais tarde transformada em uma basílica românica, no século XV, está diretamente ligada às variações do mercado (em seu interior, estalas de madeira, altares e capelas são oferendas das companhias mercantis e das associações dos ofícios). É o único edifício monumental da praça, permanecendo durante séculos um dos pólos da vida civil além da religiosa, lugar de encontro e até de contratações violentas. Ao longo do tempo, tudo em volta do grande espaço se organiza ordenadamente, recintos para ervas e fruta, a padaria, os que trabalham as peles e, continuando na direção sul, as barracas dos ourives e dos joalheiros, os vendedores de velas, de selas, de armaduras, do outro lado, em direção à Breitenstrasse, o mercado da palha e do feno; ainda, verso o interior, não distantes da casa pública de pesagem e do pelourinho, que juntos dominavam o espaço vazio, os forjadores; e, do lado ocidental da praça, os sapateiros, os fazedores de corda, os chapeleiros, os vendedores de especiarias, drogas, queijos. Mercadores de carne, de peixe, vendedores ambulantes, serralheiros, estabilizados nas vizinhanças dominam as ruas laterais de conexão com o amplo largo. Banqueiros e cambistas se instalam na área de passagem entre as duas praças, ao lado da casa municipal.

Simetria, Formas Geométricas e Ruelas Preexistentes

As novas construções de uso coletivo, posicionadas em praças urbanas centrais, são muito numerosas também nos antigos Estados italianos. A última metade do século xv aparenta estar entre o período mais decisivo da história da cidade italiana no que se refere em atribuir uma forma aos espaços públicos, e em referência ao Duomo de Milão e às demolições que esse acarreta (1456), ou da nova *loggia*[1] de Brescia (1492), bem como às festas e à instituição de aparatos rituais (1471), para receber em Ímola a jovem Caterina Sforza, ou, ao invés disso, da construção da nova sede de Arte dos Strazzaroli nas proximidades da porta Ravegnana, em Bolonha (1496).

Essas intervenções criam problemas de equilíbrio entre o monumento e a cidade; modificam-na, interpretando cuidadosamente as características do organismo anterior. A simetria, as formas geométricas ou as intenções prospéticas são critérios indicadores; contudo, sem desprezá-los, na maioria dos casos adaptam-se aos vínculos do ambiente histórico e geográfico no qual atuam.

Nas cidades de fundação romana (Milão, Pavia, Brescia, Bérgamo, Verona, Vicenza), as escolhas de transferir ou de

---

1. Ver nota p. 47 desta publicação.

Figura 19: *A praça dos Mercantes, em Milão, com o palácio della Ragione ao centro. Desenho em nanquim e aquarela, século XVII. Milão, Civica Raccolta delle Stampe Achille Bertarelli.*

dar nova orientação ao foro tornando-o o baricentro do tecido edilício, só podem dialogar com a sua extraordinária capacidade de resistência. Porém, mesmo nos casos mais raros, nos quais a forma inicial da praça não pode ser associada a uma matriz latina, como em Ferrara, a força da estrutura medieval constitui um vínculo que deve ser enfrentado pelos promotores da renovação.

Em Mântua, nas primeiras décadas do século XVI, após as reconstruções das estruturas de defesas e viária é iniciada, no Broletto, a restauração do palácio della Ragione. Na praça S. Andrea e na praça delle Erbe (das Ervas) são construídos novos pórticos; na extremidade oposta da seqüência, na praça Sordello, em frente à catedral, são construídos o palácio do bispo, uma capela e outras edificações: são intervenções que redesenham, dão unidade e embelezam o espaço público, no coração de um tecido denso de funções implantadas na Idade Média.

Portanto, na Itália também encontramos projetos sensíveis às preexistências, flexíveis, muitas vezes indecisos, condicionados por certa instabilidade edilícia e funcional. Por fim, a praxe usual é começar pelos objetos, de maneira totalmente empírica em relação à conformação do conjunto dos espaços urbanos circunstantes. E, em muitos casos, a condição de degradação parece ser a que justifica, principalmente aos olhos dos políticos, uma intervenção de reestruturação radical.

Até mesmo em Gênova, cidade "sem praças", na qual os lugares abertos são privatizados pelas facções e os espaços de encontro ritual estão nos alargamentos das ruas destinados ao mercado público, a lenta renovação se exprime com atitudes pragmáticas, em equilíbrio entre o velho e o novo, nas escolhas de distribuição funcional e formal.

Concluindo, é quem principalmente detêm o poder civil que, em geral, promove projetos coerentes e sistemáticos de renovação edilícia.

A Recolocação das Atividades Profanas: Praças Civis e Praças de Mercado

O caso mais freqüente é que tanto cidades grandes quanto pequenas acatam as funções mercantis de suas praças, mas estabelecem também – com a finalidade de reabilitação urbana e com propostas de nova monumentalidade – precisos limites ao aproveitamento de seu valioso solo.

Os motivos iniciais são muitos e diversificados. Na área lombarda (Milão, Pavia, Bérgamo), o canteiro das igrejas-catedrais parece ser uma das condições que impõe uma nova localização das atividades profanas. Em Ferrara, Bolonha, Ímola, Vigevano, a manifestação das vontades do senhor, de representar seu próprio prestígio, parece ser o fator decisivo do redesenho.

Veneza constitui um caso exemplar, onde o processo de redefinição da platéia marciana[2] inicia nos anos

---

2. Marciana: do evangelista S. Marcos, protetor de Veneza. Ver *Dizionario italiano Sabatini e Coletti*, Firenze: ed Giunti, 1997, p. 1488.

de 1420, a partir do grande complexo edilício ducal. Até 1424, as obras de demolição do velho palácio são completadas, enquanto a edificação na pracinha retoma as formas do edifício de século anterior, unificando a residência do doge e os anexos em um novo e imponente edifício quadrilátero. Mas essa disponibilidade de recursos públicos não fica isolada. Com algumas décadas de distância, a sineira do campanário é embelezada (1500-1502). É construída a partir do projeto de Mauro Codussi (1496-1499), a torre das Horas: uma edificação alta e controlada por precisas relações proporcionais em cima de uma grande porta que leva às *Mercerie*[3] (a rua das bodegas); a torre marca o tempo da cidade e é ao mesmo tempo um arco do triunfo de acesso às vísceras mercantis da cidade. As duas laterais, construídas mais tarde, sob a direção de Pietro Lombardo (1501-1502) estabelecem uma lógica de continuidade entre a torre e as Procuratie Vecchie. Essas – um edifício com 152 metros de comprimento – fecham o lado norte da praça: da mesma maneira que em outros lugares, houve um incêndio (1512) que acelerou o processo de renovação. Mantendo as referências da tradição vênetabizantina e da construção românica, tornada famosa pela célebre *Processione della reliquia della croce nel Giorno di San Marco* (Procissão da Relíquia da Cruz no Dia de São Marcos) de Gentile Bellini (1496), o autor – talvez o proto al Sale[4] Antonio Abbondio, denominado o Scarpagnino (?-1549) – define, entre 1514 e 1532, o protótipo, com uma série dupla de aberturas em arco pleno, sobrepostas a um pórtico de cinqüenta arcos, onde ficarão localizadas bodegas. Assim ele organiza a fachada voltada para a praça e, introduzindo uma dupla edificação com ruela de

---

3. *Mercerie* em italiano, lojas de armarinhos.
4. *Proto al Sale*: em Veneza, eram ativos numerosos protos: das águas, das fortalezas, do sal (especiaria), da basílica de S. Marcos; são mestres de obras ou supervisores de obras organizadas pelas várias magistraturas. Ver *Dizionario italiano Sabatini e Coletti*, p. 2064. No livro será sempre usado o termo de mestre de obras.

serviço interposto que faz também a conexão com as ruelas e canais posteriores; conclui e ratifica a fachada *marciana* do sistema central de áreas e percursos mercantis. Por outro lado, essa é a época em que os grandes rituais se estabilizam, é dada uma organização estável (o piso é pavimentado com pedras e mármores) e são predispostos os primeiros equipamentos da principal praça pública urbana. Enfim, com essas edificações, inicia-se o processo de embelezamento e reabilitação da praça marciana que é totalmente concluída no século sucessivo. A Zecca[5] (1536-1545), a Loggetta (1537-1549, sede do posto de controle) e a Libreria (1537-1545, realizada para proteger a considerável coleção de códigos gregos e latinos, foi concebida em forma de *loggia* alongada) constituem as primeiras manifestações de um Renascimento maduro, verso a laguna; são as etapas do programa de redefinição unitária da principal praça urbana, uma *renovatio* importante, desejada pelo doge Andrea Gritti e realizada por Sansovino, com a função de mestre de obras dos Procuradores de S. Marcos. Enfim, mesmo com um processo muito difícil e de longa duração, são recebidas novas atividades (a biblioteca) e muitas serão expulsas: o asilo de anciões Orseolo, muitas tavernas, o açougue, os fornos para pão, os revendedores de frango e queijos, as barracas de câmbio de moeda, os depósitos de marmoristas, os tiradentes, até mesmo os estaleiros para cavalos que ainda estavam ali no início do século XVI; sobretudo aquelas atividades que dificilmente poderiam ser "controladas", "integradas", "construídas". Paralelamente, mesmo na praça do mercado – aquela de S. Giacomo di Rialto –, depois de um incêndio que, em 1514, destruiu totalmente as edificações públicas, a reconstrução da loja de paramentos e dos pórticos voltados para a praça, obra de Scarpagnino (1514-1527), regularizam o espaço medieval. E, em ambos os lugares – aquele de representação e aquele de trocas – a renovação alimenta a reconstrução de algumas igrejas deca-

---

5. Zecca: Casa das Moedas.

dentes (como S. Marcos, S. Geminiano, S. Giacomo, S. Giovanni Elemosinario) e prossegue com a realização dos monumentos mais importantes da Veneza do século XVI. A re-interpretação da antiga praça S. Marcos como foro civil (com erário, biblioteca, arco do triunfo e *platium*) e do coração de Rialto como foro mercantil apenas iniciou, mas é capaz de determinar uma mudança radical nas arquiteturas urbanas.

A Reorganização das Sedes Institucionais: Gradação e Fragmentação

Nas cidades vênetas, o que deu início às obras de reorganização das sedes institucionais do poder civil, foi principalmente a necessidade de reconstruir a *domus comunis*, ou seja, a *loggia* principal, decadente devido a um incêndio, ou devido a falta de manutenção por longo período, ou devido à destruição bélica (Treviso, Pádua, Verona, Vicenza, Feltre). A instalação de um "belíssimo" relógio na praça (Verona, Pádua, Treviso, Bérgamo, Brescia), ou de uma fonte, ou de colunas e símbolos de domínio, tornam-se ocasião e instrumento para redefinir os limites dentro dos quais é possível realizar as contratações e a compra e venda. Mas, assim que inicia, o processo de renovação continua com pequenos passos, talvez com alguns anos de distância entre um e outro, mas de maneira bem sistemática. Os casos de Pádua e Brescia estão entre os mais significativos: por um lado, a estratégia urbana da Serenissima, que age nessa fase através da sobreposição de funções e elementos arquitetônicos em um sistema já delineado; por outro lado, as diversas respostas de autonomia dos organismos locais. Aqui, o pragmatismo veneziano é equivalente ao comportamento assumido em relação à topografia institucional. Assim, o encargo de pavimentar e manter em boas condições e até de retificar os grandes largos medievais, corresponde a uma cautelosa vontade de melhoras, que aproveita qualquer

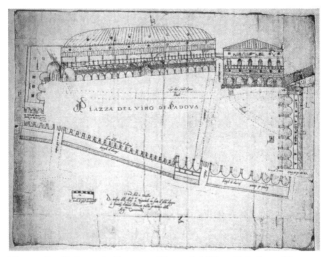

Figura 20: *C. Antonio Tetrarca*, Piazza del Vino di Padova (Praça do Vinho de Pádua), *1584. Biblioteca Civica de Pádua*, BP 1480-V.

ocasião propícia, sem, porém, a provocar. Gradualmente mudam os tipos edilícios, os materiais, a rede viária, os acabamentos na arquitetura; mas são projetos que são feitos ao longo do tempo e que não seguem um desenho finalizado; a delimitação é feita cautelosamente; a "re-quadração" é determinada durante o andamento da obra.

Pádua foi construída sob um sistema urbano bipolar: por um lado as praças do mercado e da justiça (a praça dei Frutti [das Frutas] e delle Erbe [das Ervas], com as praças secundárias della Legna [da Madeira] e della Paglia [da Palha]) caracterizadas pela presença de edifícios das magistraturas de origem municipal; por outro lado, a praça de representação do poder (dei Signori [dos Senhores]), considerada assim por estar em frente ao palácio carrarense e pela proximidade das áreas de pertinência episcopal. Com essa implantação, já bem conotada durante o período municipal e nobre, a República Vêneta se insere ocupando os dois pólos fortes do conjunto urbano inteiro, com os próprios representantes: ela se limita a tomar providências de obras de manutenção não

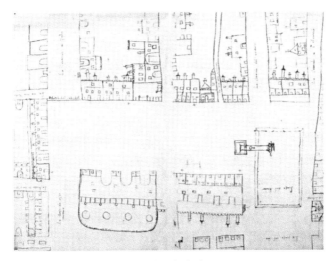

Figura 21: *Planta do Peronio da cidade de Vicenza, 1481.*BCB.

programadas, em edifícios públicos degradados ou danificados por eventos imprevistos (de modo particular o palácio della Ragione), desencadeando, dessa maneira, um mecanismo. O canteiro do relógio público na torre da entrada da sede do Capitanio (o ex-palácio carrarense) e, mais tarde (1496-1530), a "decoradíssima" *loggia* para as reuniões do conselho urbano, iniciadas por decisão da categoria política local, configuram-se como resposta orgulhosa e visível, na recuperação veneziana do palácio della Ragione.

Em Brescia, a criação do sistema de praças da Loggia e do Mercado, remonta, esse também aos inícios da dominação veneziana, isto é, dos anos de 1430. Aqui assistimos a uma variação mais evidente do que em Pádua, sobre a implantação dos espaços públicos, cujo pressuposto é a progressiva concentração das atividades de troca, nas proximidades da fortificação. O elemento chave é a presença da água. O programa de reorganização formulado pelo conselho urbano é aprovado pelos governadores vênetos, com alusões às necessidades de tomar cuidado na decoração das fachadas

Figura 22: *B. Pittoni, G. Scazzi, O sistema das praças de Vicenza na Pianta Angelica, 1580 aprox.* DHA.

principais, tanto dos novos edifícios como daqueles existentes. O programa compreende a abertura de uma praça com uso exclusivamente comercial, com a ampliação e regularização de uma praça precedente, próxima às muralhas medievais, "para a decoração da cidade e comodidade das pessoas que vão ao mercado". Nesse caso também se trata de uma obra de regularização de espaços e funções que já tinham sua fisionomia definida. A renovação da fonte e uma primeira organização do perímetro, com a construção de edifícios com pórticos, completam a intervenção; a área descoberta será organizada em setores de venda, delimitando o espaço destinado a quem trata com comércio de tecidos, cavalos, queijos etc.; em 1449, a subdivisão em lotes regulares permite uma sucessiva venda pública. Em paralelo, o prefeito vêneto propõe ao conselho urbano a realização de uma nova "platea magna... in medio civitatis" como ponto de reunião de cidadãos e estrangeiros; aqui afinal, já fora estabelecido erigir um novo edifício para a residência dos governadores. A abertura dessa praça está diretamente ligada à construção de uma *loggia* pública, aberta e de frente para a praça, onde, como acontece em todas as outras cidades sujeitas à Serenissima, os governadores dão audiência e aplicam a justiça. Até meados do século, em Brescia também serão realizados o relógio e uma antena onde desfralda o estandarte de S. Marcos de frente à *loggia*, no lugar onde a função simbólica do poder e exercício das atividades administrativas é representada. A esplendida arquitetura da *loggia*, do século XVI, só poderá confirmar a importância urbana do espaço da praça.

Entretanto, Roma também prossegue dando forma e estrutura ao centro do governo civil: o Campidoglio. O Papa Paulo III encarrega Michelangelo (1475-1564) de transformar o lugar em uma praça equipada por imponentes edifícios públicos; paradoxalmente isso acontece entre 1534 e 1549, uma fase em que o poder cívico declinava em função da crescente supremacia do papa. A área, quando em 1538 o arquiteto começa o seu trabalho, era um cenário de grande confusão, na colina histórica, em cima do foro um conjunto de velhos edifícios sem uma lógica de conjunto. Desse caos, Michelangelo faz uma obra prima urbana, localizada ao longo de um dos eixos principais de Roma; consegue dar força a um espaço central, em volta do qual, só sucessivamente será construído o palácio dos Conservadores (1568-1569), o palácio do Senador (1573-1612), e o Museu Capitolino (1544-1555), edifícios esses, concluídos somente na geração sucessiva.

Projetos Coerentes

É necessário ressaltar que existe uma postura radicalmente diversa em relação ao significado do processo de renovação. É a que considera a cidade existente como um conjunto de elementos heterogêneos, irredutível aos critérios de regularidade da nova cultura, portanto, destinada a ser completamente substituída por outras estruturas regulares (que nascem rapidamente, como conjuntos monumentais).

A Praça da SS. Annunziata, em Florença, constitui um dos primeiros exemplos em que o espaço da praça é concebido como um organismo formalmente completo, um quadrado fechado em seus quatro lados, de maneira totalmente diversa de como o largo, em geral, era pensado na época medieval. A implantação, inicialmente é determinada por um objeto arquitetônico (o Hospital degli Innocenti de Brunelleschi, 1419-1427) e da reestruturação da via dei Servi, no eixo com a igreja. Trata-se da regularização de expressão humanística, mas também uma ligação pronta a se constituir, na cidade, como pólo secundário em relação à catedral. Essa primeira intervenção condiciona as sucessivas, realizada em volta de um perfeito "foro" à moda antiga, já percebido como tal, provavelmente, pelo Magnífico: a *loggia* do Hospital degli Innocenti, é o modelo para a confraternidade dos Servos de Maria di Antonio da Sangallo (1518) localizada em frente, e para o pórtico da igreja (1601). Sob o ponto de vista funcional, a praça se qualifica pela presença de mais edifícios com usos diversos (a igreja, o hospital) e para receber as representações sagradas no dia da anunciação; portanto, é definido genericamente como lugar de encontros. No entanto, sob o ponto de vista espacial, apresenta uma concepção unitária, uma figura geométrica pura (coerente com os critérios da perspectiva central), imediatamente perceptível e sem necessidade de movimento do observador (o que acontecia nos espaços das praças de forma aberta, tanto medievais quanto naqueles renascentistas). Essa percepção é reforçada pela disposição simétrica dos elementos alinhados ao longo do eixo da igreja. Os ângulos da praça fechados, os acessos localizados centralizados nas laterais ou embaixo dos arcos, o tratamento arquitetonicamente uniforme (com o *loggiato*[6]) dos edifícios que a delimitam, reforçando o aspecto unitário do conjunto. Enfim, a praça se parece com o pátio

---

6. *Loggiato*: uma série de *loggie*.

de um edifício, mas permanece um exemplo isolado no panorama das reestruturações urbanas da época.

De certa maneira, casos comparáveis são aqueles de Vigevano, de Ferrara (na "importante ampliação"), de Ímola, Capri, onde, porém, de maneira bem mais evidente, a condição decisiva e absoluta da realização é devida à presença e ao comportamento de uma autoridade que coordenou a reestruturação. Um projeto unitário, que se realiza com um único processo de trabalho, é confirmado por políticas coerentes e bem orientadas na compra de terrenos e de imóveis.

O desejo de Ludovico, o Mouro, de Ercole d'Este, de Girolamo Riario, de Alberto Pio, de exibir um sinal tangível de sua presença, é diferenciado por intervenções mais eficientes e realizadas mais rapidamente. Porém, mesmo nesses casos, os decretos realizados para fazer respeitar o alinhamento dos edifícios, o embelezamento das fachadas ao longo das ruas, alcançam os efeitos esperados somente em parte; foram muitas as vezes que obtiveram somente a demolição de algum edifício degradado e remoção de alguns trechos de pórticos, alguns terraços e *logge* de madeira. Em Vigevano, por injunção de Ludovico, o Mouro, entre 1492 e 1494, é aberta uma praça no local onde se alargava a rua principal do burgo, onde já funcionava o comércio de luxo. O que não era admissível para as tradições dos grandes centros urbanos, onde a organização e desenvolvimento municipais tinham deixado sinais na estrutura econômica e na consciência histórica, acaba sendo realizado no burgo lombardo. O projeto prevê a organização da praça como um espaço oblongo, aos pés do castelo, com pórticos nos três lados. Não foram colocados pórticos no lado mais curto, para o qual a igreja principal está voltada, se interrompendo em correspondência com a rampa de ligação, entre o burgo e o castelo. A historiografia mostrou como o projeto se propõe realizar uma interpretação do foro antigo, do qual são repropostas as dimensões canônicas, considerando as indicações dos tratados, mas que

81

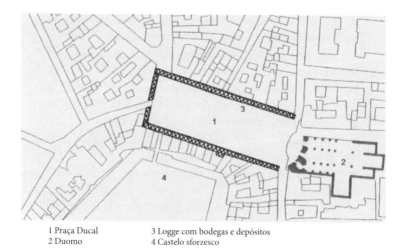

1 Praça Ducal
2 Duomo
3 Logge com bodegas e depósitos
4 Castelo sforzesco

Figura 23: *Reconstrução da planta da praça ducal de Vigevano.* DHA.

também, provavelmente, havia uma consciência dos modelos medievais de Pavia e Lodi.

Em Ferrara, no âmbito da obra de ampliação urbana realizada por Ercole I, a edificação da Praça Nuova (nas crônicas, às vezes definida por "hipódromo", evocando o de Constantinopla) com data de 1493. A sua forma atual lembra muito a do Coliseu, baseando-se no levantamento do cultíssimo oficial ducal Pellegrino Prisciani. No centro, o espaço é dominado por uma grande coluna de mármore com o monumento eqüestre do duque Ercole. Concebida para ser principalmente lugar de representação, destinada a apresentar espetáculos que exprimam a magnificência pessoal e dinástica do duque, ela também deve constituir um novo pólo urbano, alternativo ao velho centro medieval, longe da praça onde, das muralhas da catedral e do palácio da corte, os senhores precedentes observavam o mercado urbano. Apesar das exaltações dos literatos da corte, a tentativa é obstaculizada por consistentes faixas da população, que a interpretam como uma operação de ruptura violenta. Permanecendo periférica e pouco construída, a grande praça herculéa se tornará a sede de mercado de gado. É bem significativo notar que – sinal de um sucesso bem limitado à obra Hercúlea – um século depois do início das obras de ampliação urbana na zona de Barco (isto é, no "acréscimo"), a maioria das atividades produtivas e mercantis está ainda centrada na velha praça do mercado e nas suas adjacências. Na mesma área ainda se encontra a maior parte dos edifícios dos nobres.

Intervenções Homogêneas e "Quase Cidade"

As operações realizadas pelos pequenos príncipes da Itália padana, entre a segunda metade do século XV e as primeiras décadas do século XVI, são comparáveis com esses exemplos, tanto nas intenções como nos procedimentos, freqüentemente mais eficazes por terem menores dimensões. Às vezes esses príncipes investiram em esforços financeiros e capacidades técnicas para unificar diversos bairros e partes de cidade, fruto de ampliações sucessivas, até a completa redefinição de uma área central com pórticos, com a pretensão, talvez, de transformar essa implantação de pequeno burgo ou aglomerado rural (uma "quase cidade") em um centro urbano reconhecido pela sede episcopal. Em todos os casos examinados, a praça é protagonista e, substancialmente, o resultado de uma única intervenção de reforma global.

Em Ímola (como também em Urbino e Mântua), o edifício dos Riario[7] propõe a inversão da cidade; mas a obra é completada pela regularização do espaço da praça maior, com a construção de um edifício com pórticos que se estende até ocupar todo o lado oriental, em sequência à demolição da antiga igreja de S. Lorenzo com obras a essa interligadas. Não se trata de um espaço geométrico inteiramente estruturado segundo proporções perfeitas; mas, sem a menor dúvida, ele se inspira em critérios de regularidade e

---

7. Riario é o nome da família que dominava Ímola.

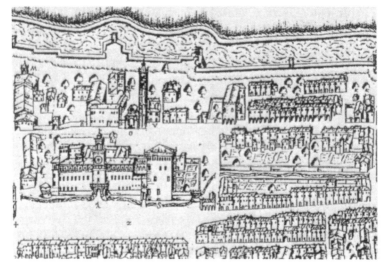

Figura 24: *Luca Nasi, Planta em perspectiva de Capri detalhe com a praça, em primeiro plano: o palácio dos Pio, o torreão de Galasso, o matadouro e o hotel público; no fundo: a pequena praça e a igreja da Sagra, século XVI.* DHA.

reabilitação. Uma área de uso coletivo reordenada, portanto, que propõe, no centro do tecido urbano, uma ampla ilha feita de racionalidades conexas entre si, que refletem a vontade do príncipe. Porém, não é uma obra de puro ornamento, os pórticos encontram uma justificação de *utilitas*[8]: as quatorze bodegas localizadas em seu interior correspondem a um intróito consistente para os cofres do senhor.

Analogamente, em Capri, com a transferência da praça principal para fora do castelo, em frente à fachada oeste da residência, o preenchimento de parte do fosso e a construção monumental dos outros dois lados do espaço público, de fato, são predispostos dois alargamentos distintos

---

8. *Utilitas* é a segunda parte, de *De re aedificatoria*, tratado de dez livros, sobre a arquitetura escrito por Leon Battista Alberti em 1450. Essa parte, que corresponde ao *Quarto livro, Obras Públicas*; e *Quinto livro: Obras Privadas*, Alberti examina os vários tipos de edifícios.

e paralelos, respectivamente destinados, um para a cidade, o outro à corte. No primeiro dos dois, de um lado a catedral construída, em terrenos doados pelo príncipe Alberto Pio, do outro lado, o pórtico do trigo, ambas estabelecendo a base de uma nova praça "espaçosa e extremamente nobre". Em Faenza, com a reconstrução da praça grande, é redesenhado o equilíbrio do núcleo urbano inteiro. Para o espaço da praça maior, de ambos esses centros, como também para os de Correggio e Mirandola, provavelmente existem modelos de referência. A relação recorrente entre a igreja (colegiada), o palácio, as ampliações urbanas e o vazio da praça maior é ilustrado também em miniaturas e desenhos que presumivelmente circulavam na corte.

Existem casos em que a praça e a reconstrução das ruas centrais são as protagonistas mesmo em países onde a referência cult é menos direta (na região de Mântua, no Oltr'Oglio ou na região de Parma). Os exemplos são tão numerosos que necessitariam de um trabalho sistemático de amostragem, que não é possível apontar aqui. Mas, se considerados em seu conjunto, eles aparecem comparáveis por serem fruto da vontade dos nobres e de uma intervenção compacta; são similares para os objetos arquitetônicos, as localizações, a cultura de seus clientes; os protagonistas da transformação são freqüentemente parentes entre si; enquanto os executores (engenheiros, arquitetos, mão-de-obra) instituem relações interligadas, por exemplo, com a França, ou com as cortes vizinhas, talvez trabalhando alternadamente, ao serviço de senhoris amigos, ou em competição entre si.

PIENZA

A presença do papa Pio II (Enea Silvio Piccolomini, 1458-1464) não produziu efeitos edilícios particulares em Roma; mas deixou signos importantes na Toscana, na reestruturação do antigo burgo agrícola medieval de Corsignano, pensada e realizada entre 1459 e 1464 em volta de uma nova praça.

Uma antiga igreja rural tinha sido colocada aos pés do burgo; o sistema viário ao longo do cume da colina, como freqüentemente acontece na Toscana, constituía a espinha dorsal do tecido urbano, dotado também de um ótimo perímetro de muralhas com três ou quatro portas. Em 1459, por ocasião de uma de suas visitas, Pio II decide iniciar uma importante renovação no seu vilarejo de origem. Encarrega a coordenação e execução do projeto a Bernardo Rossellino (1409-1464), arquiteto ligado a Leon Battista Alberti e expoente da nova cultura renascentista; as obras se iniciam em 1462. As propriedades nobres, colocadas no centro da implantação, são o ponto focal em volta do que se desenvolve a reestruturação do povoado; o complexo é constituído pela praça e "nobres" edifícios que a circundam, desejados e financiados, em fases sucessivas, pelo pontífice e projetadas por Rossellino, para realizá-los foi necessário adquirir uma série de imóveis privados de cidadãos.

O palácio Piccolomini, reconstruído sobre os restos de velhas casas, segundo um modelo comparável ao dos palácios florentinos da época e de algumas residências episcopais, constitui um dos lados da nova praça. Severo, compacto, dotado de um pátio interno, de porões, estaleiros e de uma edícula para as cozinhas, é fortemente caracterizado por uma *loggia* panorâmica de três andares, que ocupa toda a fachada meridional, mostrando o Amiata. Atrás do edifício e embaixo dos pórticos, um jardim pênsil cobre uma superfície equivalente à do palácio. A consciente incorporação do exterior no projeto é uma das características de inovação da obra.

Ao lado surge a igreja catedral, cuja construção marca a passagem do centro de Corsignano, em 1462, como sede episcopal (e, portanto, adquire o nível de "cidade"): esse é o segundo lado do espaço da praça. Orientado com o eixo norte-sul, avança no precipício, além do velho perímetro das

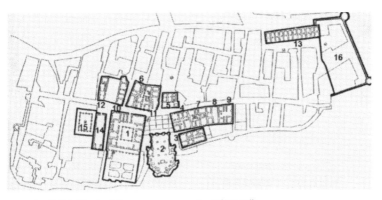

1 Palácio Piccolomini
2 Catedral
3 Palácio da Canônica
4 Palácio Episcopal (Borgia)
5 Palácio da Prefeitura
6 Palácio Ammannati
7 Palácio Jouffroy (Atrebatense)
8 Palácio Buonconti (?)
9 Palácio Lolli
10 Palácio de Salomone Piccolomini (?)
11 Palácio de Tommaso Piccolomini (?)
12 Possível hotel e asilo
13 As Doze casas novas
14 S. Francesco
15 Convento de S. Francesco
16 O Castelnuovo

Figura 25: *Planta de Pienza redesenhada com os edifícios principais. Elaboração da autora.*

muralhas. Portanto, por razões estruturais, dotado de uma cripta, a parte superior é um largo e simples vão, compacto e muito luminoso, composto por três arcadas, segundo o modelo (não usual no Renascimento italiano e explicitamente citado por Pio II nos seus *Commentari*) della Hallenkirche austríaco ou sub-tirolês. O terceiro lado da capela-mor é definido pelo palácio episcopal, erigido nas proximidades da canônica, cuja realização, de dois andares, assinalou a conclusão da primeira fase das obras. Na nova praça pavimentada com tijolos rejuntados com cal, determinando amplos quadrados (talvez ainda hoje sejam os originais) e equipada com um poço municipal (decorado com colunas de mármore e ladrilhos magnificamente esculpidos), regularidade e irregularidade se compensam. Os edifícios monumentais, construídos com a pedra do lugar e decorações em mármore travertino, se destacam pelo caráter geométrico e força da implantação, sendo adequados em função da estrutura viária preexistente. As novas edificações, de fato, estão todas concentradas no centro do burgo, onde a rua principal faz um *cul-de-sac* seguindo a topografia da colina; sua conformação é tal que, na curvatura, faz-se um alargamento de forma trapezoidal e, atrás, a igreja aparece emoldurada por duas aberturas que se alargam para o vale.

No seu conjunto, o projeto põe em jogo valores e proporções de escala diferentes, o do ponto de vista próximo, dentro do burgo, e aqueles, à longa distância, dos edifícios que dominam a paisagem agrícola dos vales mais próximos. A posição da igreja, à beira do precipício da encosta (pensada de maneira a ampliar a praça), e a utilização de materiais diferentes e diversamente perceptíveis de longe – o tufo marrom/dourado de origem local e o travertino quase branco de origem romana – são indicativos de uma grande sensibilidade em relação à questão paisagística. A clareza geométrica da implantação, que evoca a do palácio de Urbino, baseia-se em módulos quadrados, deformados segundo a configuração do terreno. A malha viária não muda muito. Um segundo eixo, ortogonal à espinha dorsal primitiva e perfeitamente alinhado com a porta da catedral, cria uma segunda praça no respaldar do edifício municipal destinada a atividades comerciais; mesmo em Pienza se persegue, portanto, um modelo organizativo bipolar, baseado na separação das funções político-religiosas e funções mercantis.

Além da realização da praça, que constitui o coração, a síntese, assim como a pesquisa de valores urbanos, transparece também a vontade de uma reabilitação renovada ao longo do eixo principal, em que surgem ou são reestruturados o edifício municipal (em parte com *logge* no térreo) e as habitações de alguns cardeais ou sodalícios eclesiásticos (Giaccomo Ammannati, Jean Jouffroy, o tesoureiro – talvez Gilforte di Buonconti –, Gregorio Lolli, Francesco Gonzaga). Enea Silvio Piccolomini, de fato, tinha insistido, às vezes de forma opressora e quase chantagista, com os expoentes da corte eclesiástica, para que fosse construída, para eles, uma residência em Corsignano. Conclusivamente, de 1459 a 1464, Pio, seus agentes e seus fiéis tinham adquirido 39 casas, igual a 10-15% do estoque residencial da cidade. Apesar dos preços pagos (ou talvez por causa deles), nasceram conflitos com os habitantes, nem sempre dispostos a vender ou mudar-se.

Talvez exatamente para solucionar esses problemas, ou então como resposta às exigências de crescimento previsíveis, em 1463, doze casas geminadas, nas proximidades da porta principal, no lado leste da cidade, são financiadas, ainda pelo pontifício, e realizadas pelo construtor Pietro da Porrina (parente do Rossellino e freqüentemente escultor de suas obras). Completam a renovação da implantação, a construção de um novo hospital dependente da grande instituição senense de S. Maria della Scala (substituindo a velha sede esvaziada para construir o palácio de Jouffroy) e uma hospedaria para os hóspedes do papa. É evidente que o papa se propunha dessa maneira, a dar vida a um verdadeiro organismo urbano, destinado a exprimir a predominância da cidade sobre o campo. Mas, com a morte de Pio, muitas das atividades edilícias são interrompidas e o número de habitantes, que era levemente aumentado com o impulso das empresas eclesiásticas, decresce rapidamente. A presença de um cliente iluminado, dotado de uma adequada disponibilidade financeira, capaz de procurar as relações intelectuais corretas, que permaneceu no cargo um período suficiente (1458-1464), explica o salto de qualidade realizado por todo o organismo, mas também seu destino mísero. As condições da obra aparecem comparáveis com aquelas que amadurecem nas intervenções de Federico de Motefeltro em Urbino, entre 1447 e 1482; de Ludovico III, Gonzaga, de Mântua, entre 1444 e 1478; dos duques estensi[9], Borso e Ercole I, em Ferrara, entre 1450 e 1505, e, nesses mesmos anos, um grande número de pequenos príncipes nos centros da Itália padana. A presença de personalidades dotadas de grandes capacidades técnicas e de conhecimento e cultura, extraordinárias, como Leon Battista Alberti e Bernardo Rossellino, em Pienza; Piero della Francesca, em Urbino; ainda Alberti, Luca Fancelli e Andrea Mantegna, em Mântua; Pellegrino Prisciani e Biagio Rossetti, em Ferrara, só pode ser considerado determinante para a disposição e a qualidade da intervenção.

---

9. *Estensi*: que pertence à família Este.

5. O PALÁCIO

A Sede dos Escritórios Administrativos e da Magistratura

Na cidade européia dos séculos XV e XVI, a construção e reconstrução de grandes edifícios seculares são bem freqüentes; a residência do príncipe, assim como a do governador ou de seus mandatários, freqüentemente necessita de obra de adaptação às novas exigências funcionais ou prestigiosas. Alguns castelos, como o de Nurembergue ou Salzburgo, estão localizados na parte alta da cidade ou no cume da colina, dominando a comunidade que deles depende; outros como os de Londres ou Gand estão situados ao longo do rio ou perto de um canal nos limites do povoado. E se o castelo é típico, principalmente em cidades de grande importância administrativa ou estratégica (a corte francesa volta para Paris quando Francisco I começa a reconstruir o castelo do Louvre), todos os centros, mesmo aqueles médios ou pequenos, no final da Idade Média, dispõem de um certo número de edifícios públicos, desenhados para enfrentar as necessidades políticas, administrativas e econômicas dos cidadãos; no início da Idade Moderna, as intervenção são realizadas com operações de grande impacto no contexto circunstante.

As operações mais importantes são as das sedes dos escritórios administrativos e do governo; a sede do município construída na praça grande de Bruxelas, decorado com pinturas murárias de Rogier van der Weyden (1439), aqueles de Leuven (1448-1463) e de Bruges (1376-1387 e nas décadas sucessivas) com suas torres, túneis, nichos, estátuas e os baldaquins, ou os edifícios bem mais compactos das magistraturas públicas de muitas cidades italianas. Porém, edifícios urbanos de grande relevo são também realizados em Barcelona (1400-1402) e em Tangermünde (1430). Às vezes, como em Torum, na Polônia, ou em outras cidades da Alemanha e do Reino Unido, um só edifício continha, em andares diversos, a sala do conselho, os escritórios, as lojas de tecido e uma série de serviços comerciais; outras vezes, como nas cidades vênetas, os edifícios della Ragione, os da Prefeitura, as *logge* do conselho, situados em edifícios próximos, mas sujeitos a contínuas reconstruções, dominavam as praças urbanas. No Estado florentino, em Siena e Luca, e não só nas cidades capitais, mas em todos os pequenos centros de poder delegado, nasciam *ex novo* ou eram readaptadas às novas funções importantes, edifícios dos vicários, administrativos e militares, ou prefeituras, dando um renovado impulso à edilícia pública (Barga, Colle Val d'Elsa, Castiglione Fiorentino, Grosseto, Massa Marittima, Montalcino, Asciano, Chiusi, Camaiore, San Giminiano, Pistoia, Prato, Volterra, Cortona): edifícios compactos, munidos de torres campanários, e, não poucas vezes, interligados com a praça através de uma escada externa. Eram necessários salões para os conselhos e para as cerimônias solenes de representação, usados também como almoxarifado e administração de justiça, salinhas para encontros dos governadores, apartamentos particulares para o prefeito, para o vicário, capitão ou oficial que fosse e, pelo menos, para parte de sua "família" (cavaleiros, tabeliões, servos e donzelas); de fato, em virtude dos severos regulamentos, aqui ele era obrigado a passar segregado boa parte de seu tempo. Mas tinha também os estaleiros, os depósitos, a sala das armas, as cozinhas e os espaços reservados para a cadeia. Enfim, as reconstruções, por causa da degradação ou de algum episódio dramático, ou em função da mudança de regime político, são infinitas, estão sem dúvida relacionadas com toda a Europa e caracterizam as transformações das áreas urbanas centrais por muitas décadas.

O Palácio do Governo como Pólo Urbano

Em Veneza, a finalização da construção do Palácio Ducal na pracinha, iniciada em 1424, continua durante todo o século de acordo com a linguagem e acabamentos da construção gótica precedente em frente ao dique. Assim, estabelece o sinal de reconhecimento da cidade, condicionante em seu aspecto formal, que é seu perfil para quem chega do mar e seu volume na relação com a praça e a basílica. O complexo, semelhante na sua implantação a um castelo principesco com pátio interno central, reflete a imagem do Estado vêneto, através da sede de suas máximas instituições. O novo portal cerimonial (a porta della Carta) de Giovanni e Bartolomeo Bon (1438) conduz para um *hall* de entrada com pórticos que terminam no decoradíssimo arco Foscari (1450-1480). O acesso ao espaço com *loggia* do primeiro andar, a escada dos Gigantes (1471), em seu eixo, constitui uma espécie de *via triumphalis*[1] destinada ao cortejo do doge; do outro lado da escadaria, o

---

1. A *via Triunphalis* era um caminho da antiga Roma que levava a Veio (Ilha Farnese), através do Monte Mario.

Figura 26: *Anônimo, O Palácio Ducal, tornado emblema da cidade, em uma perspectiva parcial de Veneza, Xilografia, 1480.* BMC.

pequeno pátio dos Senadores cuja construção foi concluída no início do século XVI. Depois do incêndio de 1483, a reconstrução da ala oriental, entre o rio e o pátio, que continha a sede das magistraturas e os apartamentos do doge, é realizada pelo escultor e mestre de obras veronês Antonio Rizzo (1430-1499), com a provável participação de Cardussi. Até mesmo a reconstrução, após o incêndio de 1577, estará atenta a não distorcer o estilo original e em reforçar definitivamente a unidade da sede do governo dos afazeres públicos e sua continuidade em relação à tradição. As numerosas tipologias e oficinas de xilografia contribuíram para difundir o modelo como o próprio emblema da cidade.

De certa maneira, o peso da imagem que os Palácios Vaticanos assumem em Roma é comparável com o do Palácio Ducal veneziano. O caráter policêntrico da cidade é claramente visível nas incisões do século XV. A somatória das intervenções previstas, realizadas somente em parte por Nicolau V, propõem unificar a cidade, qualificando as duas partes divididas pelo rio: a sagrada e a profana. Se nesse contexto, o pontifício aspira, principalmente, potenciar o poder espiritual, redesenhando a área em volta de S. Pedro, torna-se também um objetivo evidenciar a imagem dos Palácios Vaticanos. As obras, dirigidas inicialmente por Antonio da Firenze, engenheiro de palácios, e dirigidas, talvez, mais tarde, também por Bernardo Rossellino – que obteve o mesmo encargo de 1451 a 1453 – consistem numa poderosa ampliação, em uma série de modificações do lado leste do edifício do século xiv e na reestruturação das bibliotecas. A grandiosidade da obra é tangível aos contemporâneos: em suas obras panegíricas, os biógrafos evocam as realizações dos mais célebres imperadores romanos; afirmam que as grandes dimensões das edificações projetadas superam as sete maravilhas do mundo antigo e podem rivalizar com aquelas bíblicas.

A Modernização dos Castelos Principescos

Em Milão (cidade grande e sem segurança) como em Nápoles, a relação que o castelo medieval estabelece com a cidade é bem diferente, pois a situação política impõe que as intervenções de modernização, dos palácios dos príncipes, permaneçam isoladas em relação ao contexto urbano.

A reconstrução de um edifício mais amplo do que o precedente –, promovida por Francesco Sforza após sua chegada em Milão como duque, em 1450, com investimentos extraordinários e problemas inéditos de aprovisionamento e transporte de materiais –, modifica a fachada principal, na direção da cidade (que antes era só um painel), mas não chega a alterar o caráter de corte ducal fortificado. E isso também não acontece nem quando Galeazzo Maria realiza o parque, que tem o perímetro delimitado por muralhas ou quando, após 1476, a viúva Bona de Savoia realiza obras exclusivamente de defesa. De 1480 até o final do século, Ludovico, o Mouro, é o dono do castelo e o principal promotor de iniciativas, cuja finalidade é tornar o castelo o mais parecido com um palácio elegante, apesar de sempre

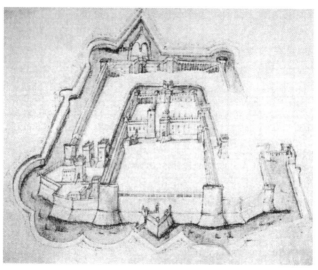

Figura 27: *O castelo de Milão nas primeiras décadas do século XVI. Incompleto o perfil da Ghirlanda, concluída em 1537. Desenho com tinta sépia aquarelado. Milão, propriedade da Biblioteca Ambrosiana. Todos os direitos reservados. Proibida a reprodução, código F 283, Inf., n. 92.*

estar solidamente fortificado e separado visual e fisicamente da cidade, através de um fosso e uma ponte. Uma planta geral de Leonardo (1485 ?) indica uma hipótese de organização do espaço em frente à fachada, entre a porta principal e a cidade, com uma nova praça desejada por Mouro por razões de decoração, na qual, talvez, deveria ter sido colocada a nova estátua eqüestre de Francesco Sforza. Para realizá-la, foi necessário demolir alguns edifícios existentes, intervindo, portanto, no tipo de separação entre a edificação e o contexto urbano; foram realizadas perícias e estabelecida uma indenização para os proprietários, mas a queda do poder sforzesco não permite a realização da obra.

Da mesma maneira que no castelo da capital lombarda, depois que Alfonso I, de Aragão, conquistou, em 1442, o reino de Nápoles, o Castel Nuovo é objeto de importantes obras de reconstrução (1443-1458); mas esse permanece um grande quadrilátero, circundado por uma muralha maciça, propositalmente em contraposição ao tecido edilício urbano. As ruas do entorno sofrem profundas modificações, como conseqüência da ampliação das obras de aterro e enchimento, que modificam o nível da pavimentação, mas a edificação permanece uma obra de defesa militar. Uma porta entre o dique e a praça S. Nicola dá para um largo, dentro das muralhas, chamado Praça Nuova; uma outra porta e uma ponte levadiça sobre um amplo fosso interligam a praça de ingresso principal do castelo. Esse caráter de isolamento não muda nem mesmo quando Alfonso II estabelece fortes relações entre sua corte e as cortes milanesas e florentinas, chamando para trabalhar alguns grandes artistas do norte. Por outro lado, até mesmo a ampliação do perímetro das muralhas que, além de ter sido realizada por objetivos gerais de defesa, responde às exigências de proteger os jardins e as edificações da realeza. Diferentes, mas significativos de uma mudança, são os casos nos quais, aproveitando terrenos não edificados, o castelo, precedentemente situado às margens de uma área urbanizada, passa

Figura 28: *Rosselli (?), Tavola Strozzi: vista do Castelnuovo de Nápoles e seu entorno, 1473. Nápoles, Museo de S. Martino.*

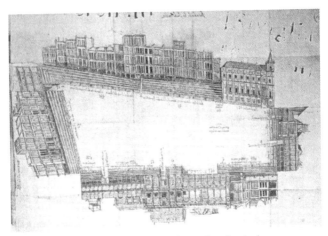

Figura 29: *A praça de S. Francisco di Siviglia, do século XVI, com o palácio municipal e o tribunal, em um desenho aquarelado do século XVIII. Sevilha, Ajuntamento, arquivo Municipal.*

a estar de frente à área externa; integrando a residência do príncipe no tecido implantado originalmente, a cidade inteira acaba tendo uma orientação diferente, no sentido do espaço público, controlado pelo castelo. São projetos que, modificando o papel de torre de castelo fortificada, conferem ao conjunto do palácio o aspecto e o peso de uma arquitetura civil, compreendida em uma uma área que mantém juntas as funções religiosas e de governo.

Em Mântua, o acréscimo de uma nova ala ao castelo de San Giorgio, situado nos limites da cidade, estende a nobre residência até a praça da catedral. Em Capri, o grande largo exterior ao fosso do *castrum* foi desejado por Alberto Pio (senhor da região até o final do século XV) como elemento de transição: é um espaço que projeta o núcleo original do povoado em direção à nova "ampliação", delimitado por um "pórtico comprido". O episódio mais clamoroso de integração, do palácio fortificado no contexto urbano, foi aquele promovido por Federico di Montefeltro.

Novas e Velhas Casas Municipais Redesenham o Espaço Fronteiro

Entretanto, mesmo o poder municipal se exibe sempre com maior decisão, com um esforço de atualização, nas proporções da linguagem arquitetônica e do sistema de decoração da prefeitura: depois dos casos acima mencionados que ocorreram no século XV, as conseqüências foram uma articulação mais clara dos espaços e das funções às quais estão destinados os diversos escritórios, e uma presença bem mais visível, imponente nas praças centrais. Acontece em Sevilha, entre 1527 e 1534, onde o novo município redesenha o perímetro e a forma da única praça autêntica existente, a dedicada a S. Francisco. Acontecerá em Paris, onde o Hotel de Ville será inteiramente reconstruído, em 1583, segundo os desenhos do arquiteto italiano Domenico Boccador, nos alicerces da antiga Maison aux Piliers, como monumento maciço que domina a Place de Grève, na margem direita do Sena. Ocorrerá também em Antuérpia, entre 1561 e 1565, onde o arquiteto da prefeitura Cornelis Floris de Vriendt fará os desenhos do edifício mais importante que tenha sido realizado na cidade, no novo estilo renascentista flamengo; e ocorreu ainda em muitas cidades alemãs. O processo é realmente de longuíssima duração. Em Nurembergue, o município gótico do século XIV localizado na praça do mercado, em 1500, era ainda um edifício com usos extremamente misturados (embaixo da câmera do conselho, o lugar de encontro e o coração administrativo da cidade, abrigava numerosas bodegas abertas para a rua); entre 1514 e 1522, são construídas novas alas importantes do lado leste e novas fachadas desenhadas por Hans Behaim, o arquiteto municipal que já tinha feito muitas obras públicas urbanas. Em Lübeck, a edificação onde estão localizados os escritórios civis torna-se maior, mais regular, mais compacta, separando melhor as praças públicas da área central.

Em algumas cidades italianas, a reestruturação da sede dos edifícios públicos freqüentemente adota um peso comparável ao redesenho total da *plathea magna*: é só pensar no restauro do Podestà[2] de Bolonha, àquele de Vicenza ou Verona e a uma infinidade de ajustes que tiveram um grande papel na definição e codificação do espaço cívico.

---

2. O *podestà* era o título do cargo civil mais alto no governo das cidades da Itália medieval.

URBINO

O palácio ducal de Urbino é um caso exemplar de edificação onde as obras de transformação foram capazes de mudar radicalmente a forma da cidade a que pertence e até sua relação com o território limítrofe. Claramente não é um *unicum*, mas é o exemplo mais forte e representativo que foi realizado na primeira Idade Moderna.

O palácio tem uma implantação aberta e se insere na configuração da cidade, tanto sob o ponto de vista planimétrico (em relação à catedral e às casas que serão englobadas), quanto orográfico (porque aproveita os desníveis do terreno). Portanto, a sua relação com o contexto é diferente e bem mais forte do que em Veneza, Roma e Milão; diferente também da intervenção realizada em Pienza, porque aqui se trata de um único complexo que, em seu conjunto, torna-se um pedaço de cidade.

Entre 1447 e 1455, o duque Federico da Montefeltro inicia um articulado programa de reorganização geral de seu Estado. Além das obras de defesa do território, das intervenções de saneamento e de reorganização do sistema viário, a atuação de Federico está voltada para qualificar a cidade de Urbino como capital, escolhida para ser a residência ducal. Um pequeno Estado, entre o Estado pontifício e o *mediceo*[3] deveria estar em condições de apresentar um retrato de prestígio e de eficiência militar e política, dois aspectos do caráter de Montefeltro, cultivados com obstinação.

As obras do palácio existente, mudando a fachada principal de leste (em direção ao mar) para oeste (na direção à Roma), modifica o peso, que agora parece centralizado em relação à cidade. Porém, a estrutura urbana também muda porque são encorajadas as ampliações do lado ocidental, ao longo da estrada para Roma, realizados segundo critérios de continuidade ao sítio irregular e às exigências da paisagem. O palácio ducal se insere com extrema sabedoria no organismo urbano. Em direção às colinas, afastando-se das edificações, permite formar a praça ducal. Em direção ao vale, remodela todo o perfil até Mercatale, com um conjunto de *logge* e jardins suspensos. O grande edifício ocupa duas fileiras de lotes do tecido original romano e medieval e o percurso mediano torna-se eixo monumental que atravessa o pátio de honra. Todas as obras murárias respeitam os materiais

---

3. *Mediceo*: da família dos Medici.

Arquivo 101

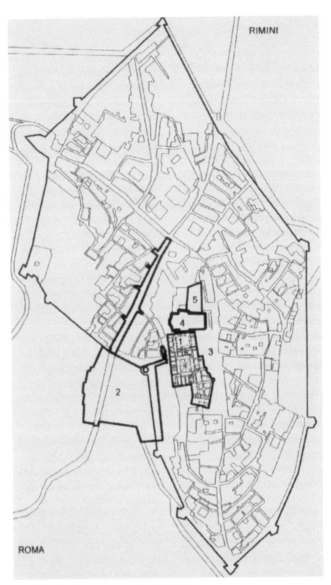

1 Palácio ducal
2 Mercantale
3 Praça do duque Federico
4 Catedral
5 Palácio do arcebispo

102 Arquivo

tradicionais, os volumes e proporções do resto em coesão urbana. Emergem somente as pontas dos dois torreões. A elevadíssima qualidade dos detalhes fazem pressupor a grande profissionalidade dos executores; um palácio superior (do próprio Federico?) provavelmente é o elemento de coerência da escala urbana. As inter-relações entre as modificações do palácio e a transformação do ambiente urbano inteiro foi imediatamente notada pelos contemporâneos. Baldassar Castiglione, com sua célebre definição: "uma cidade com aspecto de palácio", colhe o fato que a dimensão da implantação da corte é realmente preponderante em relação às pequenas edificações do tecido urbano originário. A articulação do edifício ducal em diversos níveis e a complexa integração entre as estruturas edilícias e viária criam uma excepcional unidade dinâmica, que liga o complexo ducal à cidade inteira. Porém, o contexto é bem mais amplo, porque a intervenção faz parte de uma escolha territorial. A renovação se concentra no cume de uma das colinas que formam Urbino; não corresponde ao ponto mais elevado da cidade, mas àquele em que o novo palácio domina os vales abaixo e pode ser visto como ponto de referência territorial para quem se aproxima vindo de Roma ou de Florença. A rotação do complexo joga em favor dessa visibilidade. Enfim, o conjunto das modificações introduzidas na cidade com a presença da corte, é fruto de uma estratégia urbana. A estrada proveniente de Rimini é prolongada até Mercatale; ao longo dela se forma um novo bairro, organizado segundo uma praxe já consolidada pelas ampliações: a estrada como espinha dorsal de suporte para a estrutura residencial. Mas, aquela estrada possui também funções mais complexas: colocando-se em relação direta com a área de Mercatale, propriedade dos Montefeltro, toda a iniciativa se complementa também devido ao interesse do duque pela valorização dos terrenos. Uma concepção que identifica o interesse do Estado com o crescimento do patrimônio de quem o governa diferenciando-se, por outro lado, do

◀ Figura 30: *Planta de Urbino, com a indicação do Mercatale, as direções das estradas de acesso à cidade de Rimini e Roma, a planta do palácio e a praça. Desenho da autora.*

comportamento de muitos senhores da Itália do século XV.

Definitivamente, Urbino é o produto de uma feliz e duradoura combinação de circunstâncias. Federico transforma sua cidade com a mesma moderação e prudência de suas empresas militares e diplomáticas. Gasta suas excepcionais rendas obtidas como comandante a serviço da República de Veneza e da Lega; reúne um grupo de especialistas absolutamente excepcional (engenheiros célebres como Francesco di Giorgio Martini, Luciano Laurana, Baccio Pontelli; artistas italianos como Piero della Francesca, Botticelli e talvez Donato Bramante, e estrangeiros como Giusto di Gand, Pedro Berreguete, Paul von Middelburg) cuja presença explica o equilíbrio do conjunto.

6. AS CASAS

Melhora dos Standards

Nas áreas urbanas mais densas das cidades medievais européias, geralmente o lote se desenvolve em sua profundidade, com uma fachada limitada voltada para a rua. A uniformidade das fachadas estreitas, com três ou cinco janelas, coladas uma na outra, é característica do tipo edilício mais freqüente podendo, porém, diferenciar-se entre os vários estilos locais, de acordo com o tipo de telhado, o uso de platibandas com saliências e reentrâncias, ou de cornijas sobre mísulas, frisos, tijolos especiais, terraços, afrescos ou rebocos coloridos. Os bairros residenciais são constituídos por longas seqüências de unidades alinhadas com a horta localizada nos fundos, ou então por edificações perpendiculares à rua com soluções de planta em L ou em C, onde o pátio é delimitado pelo muro de divisão

Figura 31: *Masolino e Masaccio*, Guarigione dello storpio e resurezione di Tabita *(Restabelecimento do Aleijado e Ressurreição de Tabita)*. Detalhe com uma série de casas de habitação civil em Florença. Florença, Chiesa del Carmine.

de propriedade. Como parece acontecer em todo lugar nesse mesmo período, durante o século xv, a difusão da habitação artesanal implica em um aumento da quantidade de bodegas no andar térreo. Em alguns casos o lote muito estreito é organizado em altura, com a fachada para a rua de somente três ou quatro metros. As edificações são, segundo áreas geográficas e culturais, de estrutura de madeira ou de tijolos, e telhados com beirais; talvez entremeados com igrejas ou capelas (essas últimas de pedra ou tijolos): o demonstram as primeiras perspectivas e os poucos desenhos importantes do século xvi. Portanto, a cidade é em sua maior parte construída com um tecido de arquitetura de menor porte, de altura modesta. A rede hídrica freqüentemente é boa (com serviço de limpeza das ruas e de esvaziamento dos poços de água preta), mesmo se a presença de estaleiros, a coabitação com animais, os resíduos do açougueiro ou de outros trabalhos sujos e a presença de canais de escoamento fazem com que as condições higiênicas em seu geral deixem ainda muito a desejar. Formas de concentração de ofícios assinalam o crescimento do poder das corporações – principalmente nas áreas comerciais em Londres, aos pés da London Bridge, em Paris, junto ao Pont-aux-Changeurs e do Petit-Pont, assim como em Florença, nas proximidades da Ponte Vecchio –, enquanto as atividades barulhentas ou poluidoras (fundições, tinturarias, trabalhar o couro) deslocam-se às margens do povoado ou para além das muralhas.

Nas últimas décadas do século xv, a propriedade fundiária está ainda em boa parte nas mãos de aristocratas ricos, de nobres ou da coroa. O adensamento progressivo das unidades edilícias não deve ser pensado somente como o resultado de uma atividade especulativa: claro, não falta um interesse pelo incremento de proveitos imobiliários, mas as mudanças tipológicas resultam, principalmente, da carência geral de espaço que em algumas cidades, faz parte do urbanismo desse período. A higiene edilícia causa preocupações e impõe tomar providências. Normas, limpeza das ruas, iniciativas para pavimentações, melhorias dos padrões urbanísticos (reconstrução de aquedutos e canais) caracterizam o século em toda a Europa.

Novos Tipos Edilícios

Em Londres (assim como em Paris e em outros centros nórdicos) as tipologias residenciais, que começam a se modificar durante o século xiv, são totalmente diferentes no século xv. As casas começam a ser construídas com a utilização de estruturas mistas: armação de madeira, revestimento em pedras. Na França, (por exemplo, em Angers) edifícios com três ou quatro andares mais a água-furtada e torreões nos cantos, térreas, sobre pilares de madeira decorada, testemunham a audácia e as competências científicas dos carpinteiros góticos. Eles apresentam maiores garantias contra os incêndios e, principalmente, prestam-se a uma subdivisão mais simples das unidades construídas. Permitem principalmente realizar tipos edilícios mistos (com bodegas e apartamentos), que respondem às grandes exigências de espaços comerciais na cidade. A construção polivalente torna-se aquela à qual se recorre mais freqüentemente, seja para habitações dos artesãos, seja para as residências dos burgueses. Porém, diminuem as moradias coletivas destinadas às camadas mais simples da população.

As unidades podem ser subdivididas em frações (meio lote, um quarto de lote) dando origem a uma rede mais densa. Tudo isso corresponde ao grande interesse pelas fachadas voltadas para a rua, principalmente as do andar térreo. Nas cidades inglesas, a diferença entre as habitações (maiores) e as bodegas (menores) faz nascer novos tipos edilícios, baseados na diminuição da largura da unidade de base e no prolongamento para os fundos do lote; a criação de uma densa rede de bodegas no sentido da rua, forma um alinhamento autônomo em relação aos modos de ocupação interna do terreno e dos andares superiores. Nesses casos, é imprescindível uma estreita abertura e um longo corredor, para poder ter acesso às zonas mais internas da unidade imobiliária: são esquemas que se tornam comuns no século xv (como o demonstram os contratos de construção).

Em Roma, onde a população de dezessete mil habitantes, em 1420, passa para quarenta mil nos meados do século, os novos chegados invadem as zonas e edifícios abandonados; alarga-se o limite da área edificada ao longo das ruas principais em direção às muralhas; no seu conjunto, a cidade não é densa nem compacta; poucas ruas têm aspecto regular. Os edifícios residenciais mais modestos são às vezes simples torres altas, quadradas, com pórticos abertos para as bodegas no térreo e escadas nos fundos para se interligarem com os quartos superiores. Os palácios mais importantes raramente superam os três andares, freqüentemente são reconstruídos sobre fundações antigas. São comuns os imóveis e apartamentos com lojas no nível da rua e escadas e átrios de acesso alternados. Resumindo, uma fila de casas geminadas, de altura limitada, em geral não alinhadas e com os andares (e filas de janelas) alternados; terraços, pórticos, balcões de venda e pedaços salientes de paredes contribuem para criar o clima de confusão, mesmo se estão delineados objetivos de maior ordem. Nos anos que precedem o *sacco*[1] (1527), a cidade é o centro de um mundo extraordinariamente cosmopolita, um cenário incrivelmente não homogêneo e multiforme, no qual convivem cardeais, ricos mercadores, artesãos, cortesãs e miseráveis. Entre os estrangeiros, a nação espanhola, a francesa e a dos *schiavoni*[2] são particularmente numerosas e, com as transformações realizadas, incidem de modo visível na organização urbana; os florentinos deixam sinais principalmente no bairro Ponte.

Comparativamente, em Verona (como em outras cidades italianas de dimensões médias), principalmente entre os anos de 1460 e 1470, famílias de patrícios respeitáveis, alguns afirmados no comércio da tecelagem, e mesmo alguns artesãos menores ou comerciantes ou tabeliões e até mesmo imigrantes recentes, promovem mudanças na organização urbana, não vistosas individualmente, mas globalmente significativas: retificação do traçado viário, alinhamentos de fachada, eliminação de estruturas de madeira favorecendo paredes estruturais de tijolos. E isso acontece não somente no centro, mas também na enseada do Adige, mas também fora dela. A tipologia das intervenções é muito variada. Porém, a mesma sensibilidade é bem generalizada

---

1. O *sacco* (saque) de Roma aconteceu em 1527 por obra de tropas dos *lanzichenecchi* (mercenários da infantaria do Sacro Império Romano) comandados pelo Imperador Carlo v de Augsburgo. O saque durou um ano, seguido pela peste trazida pelos *lanzichenecchi*. No final daquele ano, a população de Roma ficou um habitante para cinco.
2. Os *schiavoni* eram um antigo povo eslavo que desde 640 d.C. aproximadamente, morava na Eslavônia (antigamente camada Schiavonia).

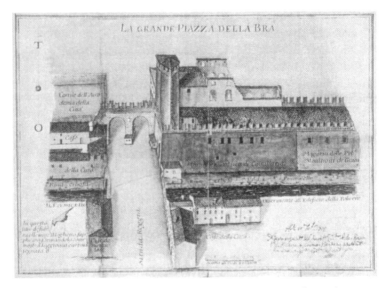

Figura 32: *Arredores da Praça Brà em Verona, com áreas destinadas a edilícia comum (casa de cidade) e o pátio da Academia, localizado no palácio projetado por Palladio para a família Della Torre. Desenho do levantamento de Gasparo Bighignato de 10 de fevereiro de 1715. Autorizado pelo Ministério dos Bens e Atividades Culturais, secção de reprodução de fotos do Arquivo de Estado em Veneza (ato de autorização n. 22/2001 de 26 de abril de 2001).* AEV, *Ufficiali alle rason vecchie, b.163. dis.338.*

para questões de decoração, regularização, elegância que já vimos caracterizar as intervenções para a abertura das novas vias realizadas em Florença ou Roma. São feitos levantamentos, e conferidas autorizações parciais, mesmo sendo poucos os desenhos que acompanham os pedidos. Mudam os materiais, mas mudam também as modalidades de construção: diminuem os "barbacani" (suporte colocado no primeiro andar do imóvel para sustentar o balanço dos andares superiores), aparecem outros elementos de sustentação e consolidação.

Os Palácios Patrícios

Porém, é principalmente a introdução de novos tipos de habitação que faz com que a cidade do século xv assuma o seu aspecto moderno: em toda a Europa, assiste-se a uma fase de progresso extraordinário e ininterrupto para a arquitetura civil: nos Flandres, na França, assim como nos antigos Estados italianos, Florença, Roma, Veneza, os patrícios mais ricos constroem seus palácios.

Nos territórios situados além dos Alpes, a inovação mais densa de conseqüências é a introdução de escadas externas, que dá maior autonomia aos vários níveis, favorecendo a melhor organização do espaço doméstico e a localização de habitações independentes no mesmo edifício. Desenvolve-se, assim, o edifício de apartamentos, organizado em volta de um pátio interno. Se a casa burguesa permanece fiel ao alinhamento na rua, o hotel residencial se destaca. Num primeiro tipo, a moradia se abre para o pátio organizado em L e vê a rua somente por um trecho breve; em um segundo tipo, mais ambicioso, o pátio, fechado por uma parede ou por uma ala mais comprida, interpõe-se entre a habitação e a rua. A moradia está localizada no fundo do espaço aberto, que fica emoldurado pelas alas de serviço. A composição é ditada por um eixo simétrico ou pela escada colocada no centro da fachada ou em correspondência a um canto. Esse esquema de organização é adotado de maneira maciça no norte da França, enquanto no sul (Montpellier, Arles, Avignon) é utilizado principalmente o modelo italiano ou espanhol de um conjunto, no qual cada ala equivale à outra e, a fachada voltada para a rua, mantém sua importância mais relevante. São intervenções geralmente promovidas pela Coroa, que procuram fundos para os cofres reais, mas também, provocam uma melhoria da situação residencial e do nível dos serviços nas moradias. Nesse processo de renovação não participam somente os nobres, mas também alguns mosteiros; isso acontece no Sentier entre a rue Saint-Denis e rue Saint-Martin, mas também no Marais, onde o prior de S. Caterina dividiu em lotes uma parte de um terreno de sua propriedade, dando origem ao primeiro núcleo daquela área. Os loteamentos continuam por pontos destacados, em diversas zonas distantes entre si (mesmo na margem esquerda) e, mais do que mudar o semblante da cidade, tendem a requalificar e modernizar algumas partes do tecido antigo, recuperando, em terrenos até então pouco utilizados, áreas necessárias à grande reaquisição de habitações.

Ao contrário, nas cidades da península, em geral, a reforma da residência é feita gradativamente, em função da compra crescente de propriedades adjacentes: em Milão como em Roma e Verona, os sinais das "ampliações" sucessivas lêem-se nas disposições da planta; de fato, é raro que se realizem novas edificações completas; onde é possível, procede-se reutilizando edificações ou paredes estruturais preexistentes, mas, em geral, as ampliações realizadas para vários núcleos familiares fazem pensar a fachada, os acessos, as disposições dos pátios e jardins, de modo diferente em relação aos espaços públicos.

Em Roma, com o papado de Sisto IV (1471-1484), são realizadas importantes edificações cardinalícias, mas aqui (como em Milão ou Verona), a não homogeneidade geral das construções atesta a sucessão das diversas fases edilícias: raramente são formas geométricas que unificam as várias partes do edifício; o procedimento consiste principalmente em unir construções existentes nos lotes confinantes e agregar volumes segundo uma lógica puramente funcional, normalmente em volta de um pátio assimétrico, que tenha possivelmente *logge*, e a grupos de escada já existentes. Com o pontificado de Alessandro VI (1492-1503), a construção dos edifícios ao longo das novas ruas é encorajada, mas, diferentemente dos casos florentinos, os exemplos romanos se distinguem principalmente pela solidez do que pela qualidade arquitetônica.

A propósito da cidade capital da Serenissima, Serlio afirma "nessa nobre cidade de Veneza, usa-se construir de modo bem diferente de todas as outras cidades da Itália; porque sendo ela muito povoada, o terreno deve ser estreito e, como é dividido com bom senso [...] encontram-se edifícios com grandes pátios e muitos jardins" com a conseqüência da iluminação e aeração acontecerem somente pela fachada principal. O que explicaria, além das razões estéticas e figurativas, a particularidade das características tipológicas dos grandes edifícios realizados na laguna, que reinterpretam, na língua atualizada de arquitetos de cultura humanística, como os Lombardo ou o Codussi, a tradição da casa-bodega medieval. Palácio Dario (1487-1492), Contarini dal Zaffo (1490, aproximadamente), Corner Spinelli (1490, aproximadamente), Vendramin Calergi (1481-1509), além das diferenças estilísticas, esses são exemplos nos quais o aparato decorativo das fachadas reveste a tradicional estrutura da casa mercantil.

Implantações Residenciais Reservadas

No quadro da grande quantidade de pequenas e parciais intervenções, devem ser apontados os casos, totalmente diferentes por forma e função, dos bairros de habitação compacta, reservados a uma só categoria de habitantes.

Figura 33: *Esquema de crescimento das casas do gueto em Veneza. Reconstrução de Ennio Concina.* DHA.

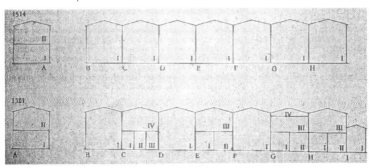

Realizados nas primeiras décadas do século XVI, com poucos anos de distância entre um e outro, a Fuggerei para os trabalhadores de Augsburgo, e o gueto para os judeus de Veneza, são dois exemplos extremos que propõem, contemporaneamente, aos usuários, formas de segregação em relação ao resto da cidade, e controle da segurança e dos próprios costumes alimentares, culturais, religiosos, na zona destinada à habitação.

O primeiro é um episódio inovador, único naquele período, que consiste em uma ampliação residencial programada para os cidadãos pobres, promovida pelo rico banqueiro Jacob Fugger, construído entre 1519 e 1523, nos subúrbios de San Giacomo "em honra de Deus e prova de gratidão para o sucesso da família Fugger"; ele elabora, enriquece, e separa os pontos cruciais e percursos dentro do tecido urbano, contribuindo bastante a uma rápida transformação de Augsburgo para uma "metrópole" moderna.

O segundo caso só pode ser visto no quadro de um fenômeno mais geral; na Idade Moderna, algumas ondas de migração assumiram uma importância enorme na modificação da forma e qualidade dos espaços destinados à residência. Os efeitos podem ser medidos. O tecido residencial na cidade européia do século XVI não é homogêneo. Freqüentemente, é o resultado de estratégias diferenciadas de localização e concessão das casas e dos lugares de trabalho, que se dirigem a pequenas partes da população, em modo particular, a estrangeiros; ou então é o resultado de um processo de apropriação dos espaços (bairros, edifícios, ruas) por parte de algumas minorias. Nessa fase (não quero com isso dizer que antes o fenômeno não existia, mas mudam as formas institucionais), nos encontramos frente a alguns casos-limites: o gueto por um lado, o bairro em movimento, do outro.

Numa área circunscrita – em Veneza a imposição dos judeus de lá residirem é de 1516 – uma inicial fragmentação interna dos imóveis existentes é praticamente inevitável; ela é acompanhada por um alto grau de mistura de funções (habitação, escola, produção artesanal, comércio), mas produz também um aumento do número de andares, uma diminuição do pé direito, isto é, um maior aproveitamento do uso do solo e, pouco a pouco, uma diversa organização da moradia. Valorização especulativa, superpovoamento, degradação edilícia e sucessivas adequações qualitativas registram não somente escolhas realizadas dentro de uma cidade, mas às vezes políticas de acolhimento, limitação de minorias dentro dos territórios do Estado e até mesmo competição que se desencadeia entre os diversos Estados.

Uma conseqüência relevante de tudo isso, é que o aparato decorativo, quando existe, se esconde dentro das casas e nos lugares sagrados, negligenciando quase totalmente o aspecto externo dessas áreas. Torna-se desnecessário o perito ou arquiteto para o qual foi imposto projetar as primeiras implantações.

Depois desse primeiro episódio veneziano, em toda a península verifica-se um processo semelhante: na segunda metade do século, muitas cidades instituem áreas de segregação residencial, dentro do perímetro das muralhas, com ritmos e graus de imposição diferentes. Nem sempre é fácil distinguir entre segregação voluntária e forçada: de fato, existe uma ampla série de casos que estão entre as duas formas extremas e uma série de procedimentos que se alternam entre expulsão, tolerância ou recepção que explicam a separação dos bairros judeus. Todavia, em todos os lugares, o ritmo crescente da densidade edilícia, imposto pelos níveis de concentração em áreas circunscritas e favorecido por um regime jurídico totalmente diferenciado, (*ius hasakah*) é um questão fisicamente perceptível: corresponde a um processo de fragmentação residencial nas edificações existentes e de crescimento anormal dos edifícios já existentes, com um imprevisível aumento de andares.

FLORENÇA

Em cerca de cinqüenta anos, o palácio florentino identifica, na maneira mais representativa, as mudanças produzidas no setor residencial durante o século xv: a seqüência dos equipamentos e dos espaços internos (incluindo pátios, jardins porões, capelas particulares) e o exterior da edificação, são adaptados a um novo gosto, que de Florença e através da Toscana (Siena, Montepulciano), difundem-se na Itália e também para o resto da Europa. Aquele atribuído a Michelozzo (1396-1472) para o duque da família Médici, Cosimo, o Velho – chamado palácio Médici-Riccardi (1444-1459) – é considerado o protótipo; é um conjunto cúbico que se insere em um tecido edilício disciplinado, especializado e em condições de "decorar" a cidade. Composto por duas partes principais: o pátio de planta quadrada, circundado por quatro pórticos de três arcadas sobre o qual estão voltados os apartamentos, e a fachada para a rua, em três níveis. De fora é uma verdadeira fortaleza lapídea; em seguida foi tomada como modelo por muitos patrícios florentinos.

Os palácios Pitti (1458), Strozzi (1489-1526), Rucellai (1446-1451), Pazzi (1462-1472), Antinori (1461-1466), Gondi (1490-1501), e depois, Rosselli-Del Turco (1517), Cocchi-Serristori (1470-1520?), Bartolini (1517-1520), Corsi-Alberti (segunda metade do século xv), Dei-Guadagni (1503-1506), construídos por grandes mercadores ou pelas famílias dos mais importantes banqueiros, emergem claramente pelas suas dimensões e pela força de suas arquiteturas em relação ao aglomerado de casas habitadas por artesãos e pelo povo em geral. Seus integrantes concebem a casa como sinal tangível da própria condição econômica e do papel ocupado na classe dirigente urbana; eles são a favor de um descentramento: de fato, deslocam-se da zona do Mercado Velho para instalarem-se às margens do antigo centro medieval. A presença do pátio, delimitado ou não por colunas, a regularidade e a simetria que definem a implantação, são elementos recorrentes, mesmo se existem trechos heterogêneos e vínculos de contexto que em algumas edificações impedem a realização do modelo. Às vezes (palácio Médici), o edifício surge em área livre e sobre um lote de forma geométrica regular; outras vezes (palácio Rucellai), ele se localiza em um solo recuperado por demolições de casas e um

Figura 34: *Vista do palácio Medici-Riccardi em obras, desenho aquarela na versão das* Obras *de Publio Virgilio Marone, Florença 1460-1465. Florença, Biblioteca Riccardiana, Ms. 492, cc. 85r.*

Figura 35: *Giovanni Stradano, Via Larga com o jogo de carrossel de Saracino, o palácio Medici à direita do afresco, 1561. Florença, Palazzo Vecchi, Sala della Gualdrada.*

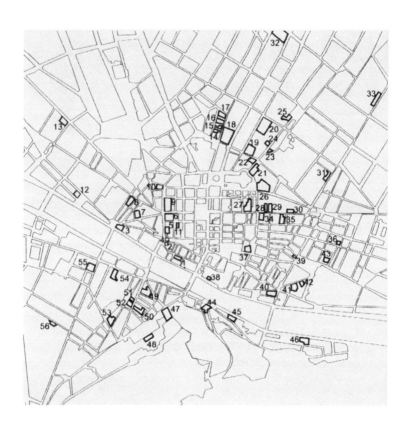

terreno irregular; ou então (palácio Gondi), resulta livre só de um lado, porque os lotes vizinhos estão ocupados por outras construções; ou mais ainda (palácio Pitti), foi pensado com uma dimensão gigantesca e permanece inacabado com a morte do cliente, para ser terminado só muito mais tarde (no século XVI e XVII).

O certo é que, subitamente, a escala dessas novas edificações muda em relação a um tecido que era ainda predominantemente constituído por edifícios próximos uns aos outros, com cobertura de beirais, todos os térreos alinhados à rua, e os andares superiores construídos de maneira a recuperar um espaço em balanço. O organismo arquitetônico remete às características de um edifício público tradicional; estabelece um acordo entre arquitetura

1	Palácio Rosselini- Del Turco já Borgherini	
2	Palácio Buondelmonti	
3	Palácio Ricasoli al ponte alla Carraia	
4	Palácio Bartolini Salimbeni	
5	Palácio Medici Tornaquinci já Altoviti	
6	Palácio Strozzi	
7	Palácio e Loggia Reccellai	
8	Palácio Piccolini já Bourbon S. Maria	
9	Palácio Corsi já Tornabuoni	
10	Palácio Antinori	
11	Palácio delle Tre Porte chamado Dello Strozzino	
12	Palácio Lenzi	
13	Palácio degli Orti Oricellari agora Venturi Ginori	
14	Palácio Neroni	
15	Palácio de Montauro	
16	Palácio Ginori	
17	Palácio Taddei	
18	Palácio Medici-Riccardi	
19	Palácio Pucci	
20	Palácio Gerini	
21	Palácio Naldini del Riccio	
22	Palácio Incontri	
23	Paláciodi Sforza Almeni	
24	Palácio Niccolini	
25	Palácio Grifoni agora Budini Gattai	
26	Palácio Strozzi de Mantova ja Guadagni dell'Opera	
27	Palácio Salviati	
28	Palácio Pazzi della Colombaria	
29	Palácio Ramirez De Montalvo	
30	Palácio degli Albizi	
31	Palácio e Horta de Matteo Caccini	
32	Palácio Pandolfini	
33	Palácio della Gherardesca	
34	Palácio Pazzi della Congiura	
35	Palácio Galli Tassi já de Baccio Valori	
36	Palácio Buonarotti	
37	Palácio Gondi	
38	Palácio Girolami	
39	Palácio Cocchi mais tarde Serristori	
40	Palácio Bardi alle Grazie	
41	Palácio Antinori Corsini ja Serristori	
42	Palácio Spinelli	
43	Palácio Da Verrazzano	
44	Palácio Tempi agora Bargagli Petrucci	
45	Palácio Capponi delle Rovinate	
46	Palácio Serristori	
47	Palácio Guicciardini	
48	Palácio di Lucca Pitti	
49	Palácio Ricasoli Firidolfi já Ridolfi	
50	Palácio di Cosimo Ridolfi	
51	Palácio della Bianca Capello	
52	Palácio Peruzzi de' Medici	
53	Palácio Guadagni agora Doufour Berte	
54	Palácio Manetti e o salão de Mann	
55	Palácio Feroni mais tarde Magnani	
56	Palácio ou Cassino Torrigiani del Campuccio	

◀ Figura 36: *Planta de Florença com a localização dos principais palácios realizados ou ampliações recuperadas entre meados do século XV e primeiras décadas do século XVI.* DHA.

e cidade, no qual se realiza por fragmentos isolados. Nesse contexto, na via Laura, Lorenzo, o Magnífico, cria resistência às iniciativa de baixo perfil formal, realizadas para celebrações familiares circunstantes. Mesmo a casa de Cosimo, na via Larga, é só um dos exemplos mais célebres da consistente atividade edilícia florentina durante o século XV. Em Florença, entre 1450 e 1470 são construídos uns trinta palácios. O processo de modernização, iniciado com grandes investimentos na edilícia residencial privada, indica a importância que assume na cidade, o nascimento de uma clientela capaz de entender a linguagem arquitetônica ou seu valor revelador, e por isso cuidadoso na escolha do executor: os Medici, que tinham estabelecido boas relações com Brunelleschi

(1377-1446), as interrompem em favor de Michelozzo (1396-1472); os Gondi se dirigem a Giuliano da Sangallo (1443-1516); e os Strozzi, cuja escolha válida, mesmo se considerada "anacronista", encarregam Benedetto (1442-1497) e Giuliano da Maiano (1432-1490) para realizar o projeto. Não somente: agora as grandes famílias se reúnem, fazem questão de receber conselhos, estipulam matrimônios, recebem clientes em sua elegante *loggia* anexa à nova casa, mas o centro das atividades econômicas (os bancos) permanece no coração da velha cidade. Portanto, residência e lugar de trabalho se separam.

7. OS EQUIPAMENTOS

As Edificações para a Indústria, a Universidade, as Bibliotecas, a Justiça

Nos mesmos anos as cidades se equipam. Às vezes exaltam, com novas edificações específicas, através de suas dimensões e de sua arquitetura, os serviços das quais são funções. Nos países nórdicos, foram construídas, em posições urbanas importantes, novas sedes para as corporações (da Arte dos Açougueiros, das Padarias, dos Produtores de manteiga e derivados de leite, do Linho, dos Tecidos de lã, dos Trabalhadores da cera ou do couro).

Paralelamente, as grandes áreas de produção industrial pouco a pouco se tornam pólos capazes de estruturar a implantação circunstante, além de exigir mão-de-obra e de induzir à construção de bairros residenciais privilegiados. Vale por todos os exemplos do Arsenal da República

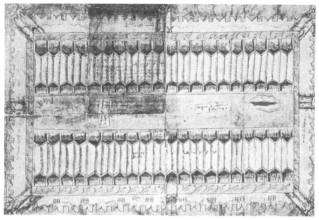

Figura 37: *Anônimo, Projeto do Arsenal novíssimo de Veneza, século XV (1474 ?)*. Autorizado pelo Ministério dos Bens e as Atividade Culturais, secção de reprodução de fotos do Arquivo de Estado em Veneza (ato de autorização n. 22/2001 de 26 de abril de 2001). AEV, Misc. Mappe, dis.1391.

de Veneza que, após 1457, com a ameaça do expansionismo turco, decide potenciar seus edifícios, concluindo-os, mais tarde, com a queda de Constantinopla. Um incisivo aumento no crescimento é dado, após 1473, adicionando à máquina medieval, oito novos hectares de laguna, para realizar um estaleiro com capacidade para oito galeras, denominado também de Arsenal Novíssimo. A nova porta da implantação, um arco do triunfo voltado para a cidade, erigido sob a dominação do doge Pasqual Malipiero, tendo como modelo o arco dos Sergi di Pola, constitui o primeiro episódio arquitetônico em Veneza, expresso na linguagem clássica. No entorno, vão se concentrando as casas dos marinheiros e dos operários da construção naval.

Na Europa continental, são muitas as novas universidades que assumem um papel comparável a um pólo organizativo do desenvolvimento urbano: em Salamanca como em Cracóvia (onde o enorme Collegium Maius inicia sua construção na primeira metade do século XV, em 1492-1497, é complementado por um convento, e no século sucessivo, é ampliado), em Buda (1475) assim como em Copenhague (1479), o estudo assume, com suas formas freqüentemente italianizante, um caráter de inovação sob o ponto de vista lingüístico. Na Inglaterra, na fase das instituições do século XIII ou XIV, segue-se um período de consolidação e crescimento; em Oxford e Cambridge, onde as ordens religiosas tinham realizado aquisições fundiárias importantes, surge um elevado número de edifícios imponentes, com conventos e jardins, baseados na arquitetura monástica; acrescentam-se a essas, obras de grande elegância arquitetônica como o Magdalen College, de Oxford (1474) e a extraordinária capela do King's College, de Cambridge (1446-1515). Nesses centros, o tecido de implantação universitário metaboliza toda e qualquer outra função urbana. O peso, quase diagramático de sua presença, aqui é marcado por uma malha urbana pouco densa, bem diferente da densidade de outras áreas urbanas de dimensões parecidas.

Em Roma, a universidade polariza um bairro inteiro e se torna pretexto e ocasião para realizar grandes recons-

Figura 38: *W. Loggan, Magdalen College (fundado por iniciativa de William Waynflete, em 1458, obras iniciadas em 1467), perspectiva oeste, Xilografia, 1675.* DHA.

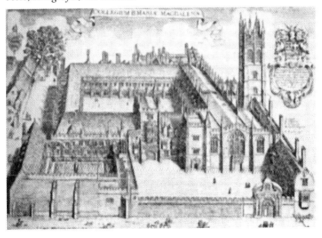

truções do sistema viário. O edifício do tardo século XV, não é monumental, mas está posicionado no novo coração da cidade (Campo Marzio); atrai a atenção de Leão X, que tinha apenas ocupado o trono pontifício, e se propunha potenciar os estudos até alcançar um nível europeu; as obras realizadas no século XVI, mantêm a precedente localização, mas racionalizam principalmente a área em termos de tipos de usos e de percurso. Em outros lugares, a universidade determina escolhas estratégicas territoriais fundamentais: durante o ducado de Medici, em 1472, Lorenzo, o Magnífico, transfere La Sapienza de Florença para Pisa, para ressarcir uma cidade subalterna e afastar da capital o irrequieto mundo estudantil.

No entanto, alguns nobres, individualmente (como Lorenzo de Medici, neto de Cosimo I) e alguns Estados (a República Vêneta) decidem criar bibliotecas importantes, ou edificações para conter preciosas coleções de arte antiga. Em outros centros da península, é o pólo da justiça que é inteiramente reestruturado. Em Nápoles, nas últimas décadas do século XV, um vasto programa de obras públicas promove a constituição da academia com uma grande biblioteca, relança os estudos, viabiliza a organização dos vários tribunais no final da rua homônima, onde estavam concentradas todas as magistraturas especializadas. O novo tipo de uso na área acaba por especializar o bairro, trazendo consigo também as habitações do pessoal que trabalhava no setor.

Em Veneza, na Riva degli Schiavoni, é construído um novo edifício para as Prisões do Estado, para concentrar e substituir em parte os velhos cárceres existentes em Rialto e dentro do Palácio Ducal.

O Crédito, o Câmbio, a Bolsa

Nas capitais econômicas, as atividades financeiras e de crédito confirmam suas localizações nos cruzamentos entre os principais caminhos do sistema viário territorial (com uma escolha ligada contemporaneamente aos escritórios administrativos, aos lugares de mercado e aos interesses fundiários). Mas são realizadas novas salas e escritórios de câmbio. Assim, se em Londres, Lombard Street é a rua dos Bancos, em Paris é no Pont-aux-Changeurs que se constrói a zona equipada para o câmbio e para os empréstimos; em Amsterdã é na área do Dam que são reorganizadas, enquanto que em Veneza, a Praça S. Giacomo di Rialto é equipada, destinando às mesmas atividades, boa parte de seu pórtico. Por outro lado, em Londres, existia um edifício apropriado onde se desenvolviam o controle e a organização das atividades comerciais: a Guild Hall, cuja nova sede foi realizada entre os anos de 1411 e 1430. A edificação não se sobressai de maneira clamorosa a não ser como ponto de referência funcional; ela não implica na realização de praças ou largos, mas sua implantação, em correspondência a um edifício preexistente, marca a importância adquirida como baricentro da zona comercial naquela área limitada e densa.

Analogamente, enquanto no Reino Unido as grandes associações hanseáticas se posicionavam no Tâmisa, com paradas privilegiadas no rio, na laguna vêneta, o Canal Grande se estrutura cada vez mais como base ao longo da qual se restauram e são ampliadas as antigas bodegas de estoque quotidiano (farinha, milho) e de recebimento de mercadorias estrangeiras. Após a destruição total devido a um incêndio, em 1505-1506, a rápida reconstrução do Fondaco dei Tedeschi, como conjunto monumental compacto e autônomo, enfatiza a importância que lhe vinha sendo atribuída pelas autoridades da Serenissima e o papel que ele possui como equipamento portuário para a cidade. Em Sevilha, analogamente, nascem iniciativas autônomas, baseando-se, porém, em privilégios concedidos pela administração pública, as *lonjas* dos mercados genoveses, dos piacentinos, dos catalãos. Por outro lado, as grandes edificações para realizar reuniões sociais, são construídas mais ou menos no mesmo período, tanto nas áreas continentais quanto nas mediterrâneas: o peso do Gürzenitz de Colônia equivale ao das câmaras do comércio de Valência, Barcelona e de Palma de Mallorca.

Sucessivamente, as "bolsas" devem ser catalogadas entre as invenções mais significativas do século XVI: grandes palacetes nos quais se reuniam os mercadores e se decidiam imensas fortunas, embaixo dos arcos de uma sala sustentada por colunas, às vezes integrados por salas do tribunal e salas de administração das finanças. As de Antuérpia representam o protótipo; uma disposição análoga é encontrada sucessivamente em muitas outras cidades próximas ou distantes.

Por exemplo, em Londres, o Royal Exchange é uma nova edificação ligada à dinâmica personalidade e às capacidades promocionais de um grande mercante, Thomas Gresham. Percebendo a importância de Antuérpia como centro de tráfico internacional, em 1537-1538, ao ser nomeado prefeito, insiste na oportunidade de também construir uma bolsa na capital britânica. Será seu filho, Richard, que concluirá em 1564 o projeto do pai, propondo-se a construir a obra por conta própria, com a condição de que a cidade coloque à disposição um terreno para o escopo.

Os Hospitais e os Hospitais dos Lázaros

Finalmente, os equipamentos para assistência: ao lado das obras promovidas pelos Estados, através das magistraturas geridas por órgãos públicos, muitos entidades privadas investem também em iniciativas do tipo social. Nesse campo, mais uma vez Veneza é exemplar, onde a República chega a instituir os Provedores dos Asilos e Lugares Pios, representante da gestão dos inúmeros institutos existentes; sempre em Veneza, depois da liberação de Scutari pelos turcos (1474) se realiza em S. Antonio di Castello, um hospital para velhos marinheiros, pobres e doentes. No século XV, as políticas sociais vão se articulando e se estendendo

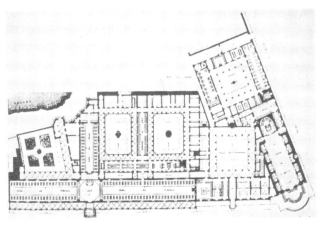

Figura 39: *Bacio Pontelli, Hospital do Santo Spirito em Roma, 1474-1477, reconstrução da planta segundo Kuhn, 1897.* DHA.

nas ilhas e nos bairros marginais, com a realização de dois hospitais para lázaros, asilos, e casas gratuitas ou para serem alugadas para categorias especiais. Elas compreendem um grande número de promotores (cidadãos, funcionários dos nobres, escolas e confraternidades de caridade).

Em outros lugares, a instituição hospitalar é um dos principais organismos de governo na cidade e corresponde a uma única edificação, de grande peso na paisagem urbana. O antigo Spedale di Santa Maria della Scala em Siena, que tinha visto o auge de sua obra entre 1300 e 1456, no final desse período tem capacidade de 130 leitos para doentes e peregrinos; de um lado domina a Praça da Catedral, do outro, com a grande quantidade de serviços dispostos no nível inferior, está próxima ao segundo perímetro das muralhas urbanas (desprovidas da sua função defensiva): possui as dimensões e a riqueza funcional e distributiva de um pedaço inteiro de cidade. É tão extraordinariamente complexo, que Francesco Sforza, quando, naquele mesmo ano pretende construir o Hospital Maggiore de Milão, encarregando Filarete de realizar o projeto, pede os desenhos e a descrição ao seu embaixador Nicodemo Tranchedini.

127

Na cidade lombarda, a regularidade composta da fachada e da implantação, com os quatro grandes pátios quadrados, constitui uma intervenção de grande impacto na paisagem urbana; a clareza de sua planta antecipa aquela mais articulada do Hospital de Santo Spirito em Roma, de Bacco Pontelli (1473-1477). Mesmo para o Hospital degli Innocenti, em Florença, anterior de poucas décadas (1421), tinha sido escolhido um lugar importante da cidade tardo-medieval, uma etapa do percurso seguido por dignitários estrangeiros, em suas visitas. A responsabilidade da instituição, destinada aos enjeitados, de hospedar e educar como futuras gerações, foi assumida por uma das artes urbanas mais importantes, a da Seda. Além do pórtico com arcos que constitui a fachada, o núcleo original era constituído por duas alas perpendiculares à fachada, simétricas e paralelas entre si, separadas por um pátio quadrado. O pórtico da fachada se apóia sobre uma grande escadaria, que cria forte impacto urbano, de frente à nova praça regular, e para a qual contribuiu na construção, quase dilatando seu espaço. Da mesma forma que os outros casos já mencionados, essa é uma arquitetura civil tornada célebre porque inovadora no plano da linguagem renascentista, mas é também um edifício público entre os maiores e mais visíveis da cidade: uma obra de valorização congruente com uma nova política urbana, atenta às virtudes cívicas.

Iniciativas com funções análogas, não acontecem somente na península: o Hotel Dieu, fundado por Nicolas Rolin, bem na área central de Baune (1441-1451), impõe-se na cidade por sua dimensão e volumetria como também pela importância social e política da instituição que o governa. Nessas mesmas décadas, análogas e gigantescas edificações, destinadas a uma internação genérica dos doentes, são realizadas em Valência (1409), em Barcelona (1412), Saragozza (1425), Sevilha (1436), Bern Kastel-Kues (1451-1458), Toledo (1483), Würzburg (1500), Santiago de Campostela (1501-1511), Granada (1511-1522). Além disso, nascem um pouco em todos os lugares estruturas mais especializadas, como os leprosários e espaços para quarentena: após a realização do primeiro exemplo de centro de isolamento, em Ragusa (1377), o caso de Veneza, que aproveita a morfologia da laguna e a distribuição de suas ilhas para a criação dos hospitais dos lázaros Vecchio (1423) e Nuovo (1468) ou, ainda, o centro de isolamento de Milão, com instituto análogo àquele realizado alguns anos mais tarde para os doentes da peste (1489-1507), obra do arquiteto Lazzaro Palazzi. Colocado no lado de fora de uma porta *urbica*, trata-se de um amplo quadrilátero circundado por uma fortificação e um fosso cheio de água, de maneira que o acesso pudesse acontecer somente através de algumas pontes; um pequeno templo octogonal, posto no centro da construção, é aberto por todos os lados, de maneira que o rito religioso pudesse ser visto e ouvido pelos doentes internados nos vários departamentos.

O Armazenamento Hídrico

Mesmo a distribuição de serviços espalhados de maneira homogênea no tecido urbano ou em rede, recebe durante o século XVI um grande impulso, principalmente nas cidades que registraram uma incremento demográfico extraordinário. O armazenamento hídrico, antes de mais nada. Em Nápoles (1451-1458), as obras de infra-estrutura e saneamento das áreas pantanosas, na parte oriental da cidade (com função agrícola), constituem a ocasião para uma exploração geral das águas: aos técnicos é dado o encargo de verificar a eficiência do antigo aqueduto Cláudio e das nascentes próximas à cidade, para prover o fornecimento hídrico dos novos bairros. Realizada uma cuidadosa e absolutamente exemplar pesquisa, é proposto, além do saneamento das áreas pantanosas, a readaptação do velho aqueduto e uma canalização das águas do Serino (que será realizada somente dois séculos mais tarde).

Em Roma, nos bairros próximos ao Tevere, era necessário somente bombear o rio, tanto mais que sua água era considerada ótima, mas não era suficiente e dos antigos aquedutos só existia a Acqua Virgo de Agrippa. Niccolò V faz recolocar em boas condições, por Alberti, o antigo aqueduto, denominado após as obras, de Acqua Vergine, em cuja desembocadura, embaixo do Quirinale, será construída a Fontana di Trevi. Em seguida, todos os papas sempre mantiveram a manutenção da Acqua Vergine, que geralmente traz muitos metros cúbicos de água e alimenta várias fontes. Mas ainda não era suficiente; durante o século XVI foi necessário construir outros trechos de aqueduto. Para a distribuição da água, as fontes são elementos sempre presentes na cidade do Antigo Regime, mas no século XVI, são construídas muitas fontes novas. As cidades recorrem cada vez mais e, não é somente o fornecimento de água (isto é, a satisfação de uma necessidade vital) que interessa, mas o embelezamento e a decoração urbana (em Paris, Bolonha, Florença, Roma e Sicília). A predisposição de poços (mesmo particulares, dentro dos edifícios residenciais) e de cisternas torna-se uma prática comum.

ANTUÉRPIA

Antuérpia é uma das cidades que na Idade Moderna mais foi dotada de serviços e equipamentos, até se tornar uma das grandes capitais européias. Representa um caso de cidade-porto muito bem localizada sob o ponto de vista geográfico, que, já na Idade Medieval, torna-se um lugar de encontro cosmopolita pois passa a sediar duas célebres feiras anuais. O incremento da população testemunha indiretamente sua entrada no comércio internacional: Ludovico Guicciardini, em *Descrittione di tutti i Paesi Bassi altrimenti detti Germania inferiore* (Descrição de Todos os Países Baixos), fala de cinco mil habitantes em 1374, de vinte mil em 1440 e mais de cem mil em 1567.

Desde o final do século XV, por meio de uma decisão política, o imperador Maximiliano torna Antuérpia a primeira cidade naval da Europa do Norte com editais que favorecem mercadores estrangeiros (1484, 1488); a cidade torna-se rapidamente um dos portos mais bem equipados e o quartel general de tráfico da Inglaterra. Em 1507, é apurado o projeto de uma nova expansão (a quinta) para inserir, dentro do perímetro das muralhas, edifícios que de fora do perímetro obstaculavam as fortificações existentes. Em 1510, provavelmente, o conselho pede o parecer do Dürer sobre a reconstrução das muralhas. Em 1540, Carlos V forma uma comissão para estudar os detalhes do projeto. Mas o que mais caracteriza a cidade é a presença de bases comerciais e financeiras de mercados estrangeiros: o tráfico que se desenrola na Casa dos ingleses é intensíssimo; os hanseáticos dispõem de uma bodega imponente; os portugueses também encontraram uma acolhida adequada; os judeus (convertidos ou não) constituem um outro dos pilares do comércio mundial de Antuérpia. E está claro que a presença organizada das nações estrangeiras favorece a afluência de outros mercadores. Assim – grande praça do comércio – Antuérpia torna-se também um grande mercado internacional de dinheiro.

Em uma cidade tão dinâmica e em pleno desenvolvimento econômico, é impossível não encontrar desafogo nas especulações fundiárias operadas pelos financeiros Gilbert van Schoonbeke, pai e filho

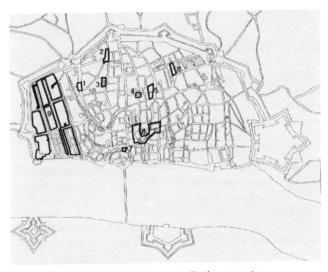

1 Mercado de cavalos
2 Mercado do gado
3 Bolsa dos ingleses
4 Beurse: mercado financeiro e internacional
5 Bodega do grão
6 Tecidos e tapeçarias
7 Açougue
8 Groote Markt: mercado alimentar e de tecidos
9 Ampliação de Gilbert Van Schoonbeke

Figura 40: *Planta de Antuérpia com a localização das áreas e dos edifícios mercantis, e com as ampliações de 1548. Desenho da autora.*

(esse último foi honrado pelo título de *meliator*, ao mesmo tempo promotor e reformista da cidade). Se seu trabalho mais importante é o plano para a "cidade nova" de 1548, com a ampliação do território urbanizado na direção noroeste, já em precedência os *meliator* tiveram um papel fundamental mesmo em relação à cidade velha, comprando uma série de hortas e amplos jardins, abrindo ruas e loteando terrenos. O vasto programa de "embelezamento", feito pouco antes da metade do século XVI, interfere no sistema constituído pela catedral e seu átrio exterior. A reorganização das sedes das corporações em frente (de tonéis, armarinhos, paramentos, entalhadores de madeira) contribui com o desenho de um dos lados da praça. Mais tarde, a fachada da enorme edificação municipal, emblema da potência comercial do porto na Schelda, apodera-se e "renova" toda a frente ocidental do Groote

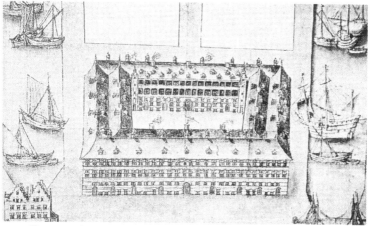

Figura 41: *Anônimo, casa dos Mercadores Hanseáticos (Oster Huis). Desenho com aquarela do século XVI. Antuérpia, Stadtsarchiv.*

Figura 42: *Virgilius Bononiensis. A área da Bolsa, em vista vôo de pássaro da cidade de Antuérpia, Xilografia com aquarela, 1565. Antuérpia, Plantin Moretus Museum.*

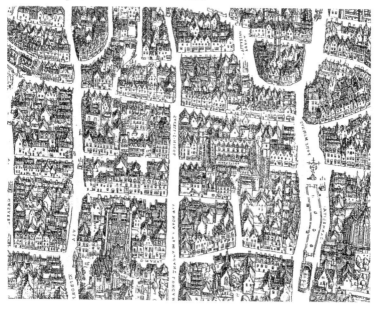

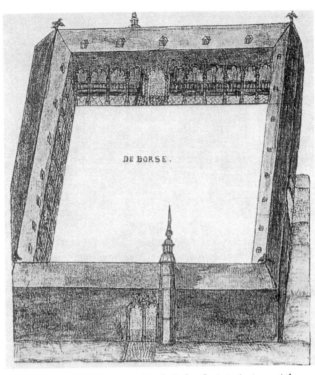

Figura 43: *Anônimo, perspectiva da Bolsa de Antuérpia no Atlas histórico-topográfico n. 690, século XVII. Bruxelas, Agemeneen Rijksarchief.*

Markt, com uma linguagem atualizada que influenciará demais a arquitetura do fim do século XVI na Europa do Norte. A tudo isso se pode acrescentar a bolsa, realizada em 1515, bem atrás do Groote Markt: ampla, quadrada, circundada por todos os lados por colunas. Uma espécie de *loggia*, finalizada com pórticos, onde as coisas a serem vendidas ficam expostas em ordem e, para quem as vê, é motivo de grande prazer. O novo equipamento urbano se baseava no pressuposto que o fechamento teria permitido regular melhor a qualidade da mercadoria e a honestidade nas negociações. Dezesseis anos depois, verificando a insuficiência, prossegue-se com a construção de um novo edifício, para o qual são gastos trezentas mil coroas de ouro. Não se extingue a Oude Boeurs, mas essa segunda – *in ipso fere civitatis umbilico* – era predisposta para fornecer um serviço mais sofisticado: garantia-se o crédito, um maior empréstimo e um suporte financeiro negociável. O arquiteto, Dominicus van Waghemakere, mantém o velho esquema de distribuição dos ambientes. Acima do pátio interno um andar para pequenas bodegas e balcões de exposições, bem visíveis e iluminados de cima graças a uma série regular de clarabóias, organizados em quatro grandíssimos "ingressos". Duas torres com relógio dominam o conjunto. Chegam numerosos mercadores de todas as nações, todos os dias em um mesmo horário, para contratar. Enfim, graças à extraordinária edificação, Antuérpia tornou-se uma cidade cuja riqueza e multiplicidade de ocasiões e de encontros acontecem passeando por um pequeno espaço, onde sentir falar simultaneamente, seis ou sete línguas diferentes é, antes de mais nada um grande prazer, e depois é um sintoma e a confirmação de riqueza. Não foi um sistemático plano de conjunto, nem um programa geral ordenado, o que interliga entre si a realização da bolsa e as iniciativas realizadas em volta da praça, nas edificações destinadas a receber tarefas administrativas e escritórios, entre 1541 e 1566. As escolhas realizadas subentendem o desejo de separar as atividades civis que ainda aconteciam nos mesmos espaços, de criar uma ordem que tutele os respectivos limites, repensar a cidade inteira, redesenhando-a de maneira mais articulada tanto é que as outras iniciativas (a casa pública de pesagem, a praça para o mercado dos cereais) alargam a geografia.

8. AS IGREJAS

As Circunscrições Eclesiásticas: a Catedral e a Paróquia

Mesmo os lugares sacros às vezes, constituem o ponto de convergência em volta do qual, no século xv, desenvolve-se a reestruturação de muitas cidades da Europa, no Flandres, na Espanha, assim como em Roma e Florença, com modalidades e níveis de impacto em geral muito diverso. A mistura de espaços e tipos de usos religiosos e mercantis é ainda freqüente. Em Londres, o espaço onde estava inserida a catedral de Saint Paul (que era realmente muito imponente e em contraste com o denso tecido edilício circunstante) é ainda ocupado pelo mercado anexo à igreja, por jogos e tipos de usos coletivos. O fato é explicado pela falta, nas vizinhanças, de espaços de encontros laicos. Portanto, a igreja mantém o papel de lugar cívico e esse não é certamente um caso único.

Por outro lado, Saint Paul é uma exceção no Reino Unido: mais similar ao que acontece no resto da Europa, onde as catedrais são localizadas, em geral, no centro urbano (como também regularmente, fora da muralha mais antiga); sem ser sempre volumetricamente emergentes, nem constituir o único ponto de atração funcional e figurativa, no entanto, as catedrais estão em correspondência ou contiguidade em relação à praça do mercado, com interferências nos tipos de usos, muitas vezes significativas, possivelmente em situações nas quais – como já se viu – o peso dos edifícios civis aumentou progressivamente. Além dessas questões estilísticas, as obras de ampliação e renovação que lhes dizem respeito, freqüentemente realizadas em um longo arco de tempo, incidem no papel que a área em frente, vazia, à entrada da igreja, possa ter, fixando os limites entre as jurisdições sacras e as profanas.

Na Holanda, assim como na Andaluzia, a difusão de ritos religiosos, diferentes daqueles praticados anteriormente, é o que provoca com muita freqüência a construção de novos edifícios sacros ou a reutilização daqueles existentes, e modifica suas relações com o contexto urbano inteiro. No Haarlem, em Delft, Breda, em Dordrecht e em outros centros menores dos Países Baixos, pequenos e simples, lugares de culto que satisfizeram as gerações precedentes no século XV e nas primeiras décadas do século XVI, crescem, ou são substituídos por espaçosas basílicas tardo-góticas, ou por estruturas com implantação tradicional de tijolos e pedras de proporções monumentais, cujos campanários, geralmente permanecem incompletos. O novo culto protestante explica as reconstruções e os experimentos realizados em implantações octogonais (Haia), circulares ou em forma de cruz grega (Amsterdã). Os casos espanhóis, nos reinos católicos de Castilho ou de Andaluzia, vêem uma explosão na construção religiosa em uma escala desconhecida na época, em outros lugares da Europa. A reconstrução interage de maneira forte com o contexto urbano inteiro. A nova catedral de Sevilha (ideada em 1388, com um canteiro de obras iniciado em 1401 e ativo por quase um século) substitui a mesquita muçulmana precedente; com cinco naves e duas séries de capelas laterais, uma torre separada (reminiscências da mesquita anterior), é uma basílica muito larga; emerge na paisagem urbana pela dimensão da planta, da volumetria e da qualidade de seus elementos arquitetônicos; não consegue ainda separar completamente o rito religioso das atividades mercantis e das reuniões políticas que, ao contrário, continuam a coexistir nos mesmos lugares, (por exemplo, no Pátio das Laranjeiras), inclusive dentro de seu perímetro e em frente à rua comercial). Mas isso sintetiza o vínculo político e ideológico da colonização cristã nas cidades islâmicas, direcionando de fato, sua nova configuração. Uma rede de igrejas paroquiais, em alguns casos, adaptações de pequenas mesquitas preexistentes, mas, em geral, novas construções, é inserida no tecido urbano de Sevilha, em uma fase de crescimento demográfico e de conjuntura econômica favorável, constituindo uma série de pontos de referência para os vários bairros que constituíam a cidade. Essa distribuição, que acompanha em paralelo a implantação de ordens monásticas e de conventos, não é anômala, mas, no contexto da reconquista espanhola, a relação que se estabelece entre categorias religiosas e categorias laicas é muito maior do que em outros lugares. A repartição administrativa baseada em paróquias é traduzida em um modo de controle de categorias dirigentes em relação àquelas subordinadas. Os processos conseqüentes de regularização da malha viária, em contraposição aos antigos traçados daquela muçulmana, são os resultados de um desejo em homologar os espaços urbanos a um modelo geométrico comum para muitas cidades européias.

Mesmo em Jaén (1494-1540), em Plasencia (1498) e, mais tarde, em Granada (1505-1528), Salamanca (1510), Cádiz (1511), Segovia (1525-1528), Valladolid (1527), Málaga (1527), Córdoba (1521-1600), a reorganização da cidade em paróquias constitui a base da transformação funcional da grande mesquita do califa, onde, além da construção da igreja catedral ou do colegiado, ainda resistem o próprio tecido edilício e a malha dos percursos, indicando o nobre caráter da conquista católica realizada.

Forma e Localização do Edifício Sacro na Paisagem Urbana

De maneira totalmente excepcional em relação ao que acontece nas outras cidades italianas que conservam um caráter policêntrico, é a importância da cúpula de Brunelleschi, em S. Maria del Fiore, em Florença (1418-1436), lugar de convergência visual, "ampla ao ponto de cobrir todas as populações toscanas" – como diz Leon Battista Alberti. A intenção de melhor qualificar as partes da cidade e seus monumentos já havia individuado o batistério (junto ao concurso para as portas, em 1401) como edifício símbolo, colocado no centro da implantação urbana, num ponto crucial dos percursos florentinos. É clara a vontade de um embelezamento que estivesse em condições de representar, aclamar e exaltar não somente as classes dirigentes, mas toda a cidade, incluindo as magistraturas, as artes e seus artistas. Portanto, a rápida reconstrução da cobertura da catedral (com uma estrutura constituída por oito cantos curvos, orientados para cada direção do território e, no alto, o domus) enfatiza, com sua arquitetura, que Florença está se tornando a capital de um Estado identificado a um objeto símbolo, capaz de dominar a paisagem inteira que a circunda, uma imagem de si própria. Não se pode subtrair o forte componente civil da obra: sua construção efetivou uma "laicização" do monumento religioso, expressão das escolhas políticas, das possibilidades econômicas, do domínio das técnicas, do diálogo das artes sob responsabilidade do arquiteto, o único que possuía a chave do projeto. É um exemplo que antecede, o que também deverá acontecer em Roma, cerca de cem anos mais tarde, onde o novo S. Pedro, projetado por Bramante (1506) com formas gigantescas, mais ligado a uma imagem de dimensão urbana global, deverá, porém, permanecer incompleto durante um século e meio. S. Pedro

Figura 44: *Domenico da Michelino*, Dante e os Três Reinos, *1465 detalhe com a cúpula de S. Maria del Fiore. Florença, S. Maria del Fiore.*

alcançará mais tarde, com Michelangelo (1547), seu ápice, aliás, a apoteose de um modo de considerar a arquitetura e o papel de seu projetista (iniciado com Brunelleschi e com Alberti), na qual, composição e projeto mostram uma coerência que não permite modificações, acréscimos ou eliminações em relação à maquete. Mesmo se existe uma diferença entre os objetivos de valorização e os

141

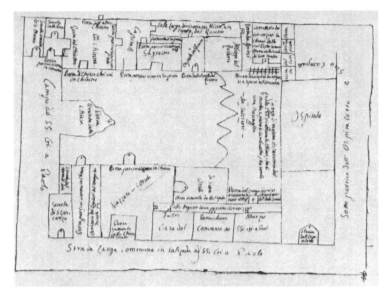

Figura 45: *Planta da igreja e do conjunto dominicano dos SS. Giovanni e Paolo com os edifícios vizinhos; levantamento do dia 13 de março de 1787. Autorizado pelo Ministério dos Bens e as Atividade Culturais, secção de reprodução de fotos do Arquivo de Estado em Veneza (ato de autorização n. 22/2001 de 26 de abril de 2001).* AEV, Provveditori allá Sanità, b.131, dis.1.

instrumentos, os restauros da basílica de S. Pedro e as reconstruções, realizadas em certo número de igrejas, espalhadas em todo o território urbano fazem parte do plano de recepção dos peregrinos nos dois anos santos do século XV (1450 e 1475), com o objetivo de potenciar o pólo espiritual da cidade. Eles entram novamente nos programas de Nicolau V e de Sisto IV respectivamente, associados pelo desejo de apresentar um plano de renovação com imagem e semelhança do novo poder político pontifício. Por outro lado, um instrumento de reforma eficaz é encontrado na predicação feita ao longo do ano: as igrejas, antes vazias, começam a preencher-se de uma multidão de fiéis e a nave se torna uma sala para assembléias urbanas, tornando-se, portanto, necessária a pesquisa de uma acústica eficaz.

Por outro lado, as distribuições de indigentes que em muitas cidades já tinham se estabelecido fora das muralhas, ou de qualquer forma, em áreas limítrofes, foram ativadas estratégias precisas de valorização das áreas periféricas, antes também, mas principalmente depois da renovação litúrgica dos primeiros anos do século XVI: em Veneza (SS. Giovanni e Paolo), assim como em Florença (S. Maria Novella), ou em Bolonha (S. Domenico), em Pádua (nas proximidades da basílica do Santo). Porém, nem sempre os conventos e as propriedades fundiárias das ordens religiosas contribuíram para estruturar a expansão urbana. Muito pelo contrário, às vezes – como em Londres, no caso dos Black Friars e dos agostinianos, estabelecidos ao longo do perímetro das muralhas – eles constituíam um forte obstáculo ao desenvolvimento naquela direção.

VENEZA

Entre os séculos XV e XVI, pelo menos três tipos de intervenções, independentes entre si, na edilícia religiosa, marcam o tecido da cidade lagunar, evidenciando a existência de uma estratégia urbana concreta promovida pela reconstrução dos edifícios eclesiásticos. Ao primeiro grupo, pertencem as reconstruções e ampliações dos grandes complexos conventuais góticos, de maneira particular a dos dominicanos, localizado em área periférica, em direção à laguna do norte; ao segundo grupo, fazem parte a modernização e recuperação de muitas pequenas igrejas centrais, espalhadas pela cidade; ao terceiro grupo, a realização, por meio da construção de um espaço sacro reservado na cidade, de uma garantia de sobrevivência, para gregos, judeus, e estrangeiros de ritos religiosos diversos dos da maioria da população.

Já no século XIII, a aspiração pública tinha imposto que a ordem dominicana se estabelecesse em Veneza definitivamente. O terreno designado aos religiosos era barrento, entre pântanos insalubres, em frente à laguna na direção de Murano. A escolha do sítio, não distante do Arsenal público, foi devido a motivos bem precisos: posicionada na periferia setentrional da cidade, a área era habitada em boa parte por carpinteiros e calafates, timoneiros e remadores; um povo artesão, a quem os dominicanos podiam solicitar ajuda para delimitar e estabilizar por longo período, os limites setentrionais de Veneza, tornando-se uma referência fundamental na organização do espaço urbano, em vivo crescimento, entre o século XIII e XIV, mas ainda submetido às transformações importantes durante a segunda metade do século XV. Tinha sido construído o convento logo após a construção da igreja, uma das principais arquiteturas góticas da cidade, e à sua ampliação, (1315-1395). Com a sua conclusão funcional, mas não à sua formação arquitetônica definitiva, em 1430, é feita a consagração. Mais tarde, o antigo terreno pantanoso torna-se um espaço qualificado sob o ponto de vista formal, definido e dominado pelas paredes da igreja: a periferia, então, torna-se uma "praça", "uma localização muito nobre para o campo[1], quase no coração

---

1. *Campo*, em veneziano, significa praça.

da cidade" (como argumenta Francesco Sansovino), aliás, entre o fim do século XV e início do XVI, torna-se uma das áreas mais cruciais da Veneza humanística, sede da biblioteca de S. Marcos e lugar destinado a hospedar o ciclo de S. Orsola (1490-1496) de Vittore Carpaccio (no oratório da escola homônima). A devoção de vários doges pela grande igreja conventual, ao ponto de fazê-los pedir sepultura, a torna uma verdadeira instituição pública urbana (confirmada pela riqueza dos monumentos funerários localizados em seu interior). Enfim, o tema da virtude guerreira, celebrada no "campo" em frente com o monumento eqüestre de Colleoni del Verrocchio, será retomado e desenvolvido dentro da basílica durante todo o século XVI e XVII.

Com a reconstrução radical, em 1491, da igreja de S. Maria Formosa, Mauro Codussi mostra-se atraído pelos temas *marcianos*[2]; ele readapta a implantação anterior, de cruz latina, reduzindo-a à cruz grega. Apropria-se dos elementos bizantinos da cultura oficial da Serenissima, fazendo um edifício religioso adequado às cerimônias solenes realizadas em homenagem aos triunfos ducais. Em poucos anos de distância, em 1497, ele também reconstrói S. Giovanni Crisostomo, onde, recuperando a implantação centralizada que se presta aos ritos coletivos de uma pequena paróquia, recorre, de novo a uma planta em forma de cruz grega inserida em um quadrilátero, bem evidente na volumetria externa, com a cúpula localizada no cruzamento dos dois braços. Com S. Giovanni Crisostomo, é inaugurado o tipo proto-renascentista com o qual, pouco a pouco a cidade é salpicada: outras numerosas igrejas, reconstruídas sob precedentes edifícios medievais, a antecedem ou a seguem pouco depois. S. Teodoro di Giorgio Sapavento (1486); S. Geminiano, no fundo da praça S. Marcos, em uma implantação atribuída a Cristoforo, da Legname, organismo em cruz inscrito em um quadrado com uma cúpula maior e quatro cúpulas menores (1505); S. Salvador, concluída por Tullio Lombardo (1506), igreja marciana em forma de cruz que marca o verdadeiro centro da cidade; S. Fantin, baseada no modelo de Sebastiano da Lugano (1507), as igrejas de Rialto de Antonio Abbondi, chamado também de lo Scarpagnino, S. Matteo e S. Giovanni Elemosinario, realizadas segundo um mesmo esquema, após o incêndio

---

2 Ver nota 2, capítulo 4.

Figura 46. *Implantação dos gregos em Veneza em uma recente foto aérea da cidade: nas proximidades da ponte chamada dos Gregos, são claramente visíveis a igreja de S. Giorgio di Sante Lombardo (1529-1573), o colégio Flangini, a escola de S. Nicolò, o Hospital e algumas casas que serão pedidas pela comunidade helênica em Baldassare Longhena (1640-1659).* DHA.

que destruiu a ilha mercantil inteira (1517-1527); S. Felice di Giovanni Antonio da Carona (1529). Um episódio conclusivo dessa série de intervenções de modernização da implantação e da linguagem arquitetônica, que já pertence ao terceiro grupo de intervenções acima mencionadas, é a única igreja veneziana na qual, além da conformação, o rito também é bizantino: S. Giorgio dei Greci, realizada a partir do desenho de Sante Lombardo (1529-1573), após longas discussões preparatórias. Nesse mesmo período, portanto, na passagem da Idade Média para a Moderna, Veneza, onde "todas as nações se encontram" parece ser uma capital marítima, em que a rígida falta de abertura das classes nobres, detentoras do poder político e de boa parte do econômico, corresponde a uma grande heterogeneidade de componentes da população residente e daquela de passagem. Os imigrantes ocasionais, das montanhas da Valtellina e da Valcamonica, os friulanos, os camponeses da planície vêneta e outros, provenientes da Terra firme, entre eles, istrianos, dálmatas, croatas, albaneses, gregos, armênios, turcos e judeus.

A literatura da Serenissima, destinada a se tornar instrumento de propaganda política, insiste em apresentar Veneza como cidade, não só em sua estrutura física, mas socialmente e culturalmente, sem muralhas, lugar capaz de acolher pessoas com aparências diferentes, com tipos de energia diferentes e, ao mesmo tempo, garantir o respeito dos indivíduos. Assim, se a igreja paroquial de S. Giovanni in Bragora é freqüentada por cristãos ortodoxos e do cisma oriental, a nova igreja de S. Giorgio é para ser freqüentada por inúmeros gregos, de rito bizantino, que vivem na cidade, os quais, porém, também celebram o vespertino na igreja de S. Croce na Giudecca: essa última se coloca explicitamente como símbolo arquitetônico da presença e da identidade da comunidade helênica em Veneza.

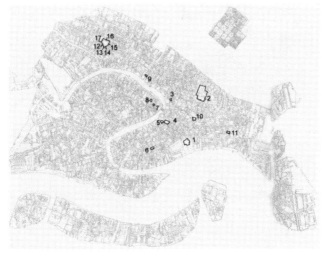

1 S. Marcos
2 S. Giovanni e Paolo
3 S. Giovanni Crisostomo
4 S. Salvador
5 S. Teodoro
6 S. Fantin
7 S. Giovanni Elemosinario
8 S. Matteo
9 S. Felice
10 S. Maria Formosa
11 S. Giorgio dei Greci
12 Gueto Novo. Escola alemã
13 Gueto Novo: Escola do Canton
14 Gueto Novo: Escola italiana
15 Sinagogas pequenas: Luzzatto
16 Sinagogas pequenas: Goanim
17 Sinagogas pequenas: Meshullanim

Figura 47: *Planta de Veneza com os edifícios eclesiásticos novos ou restaurados no primeiro Renascimento.*

A história dos lugares de culto hebraicos na cidade, após precedentes não identificáveis, entrecruza-se com a da constituição do gueto (1516) e de sua ampliação (1541). O número das sinagogas é elevado: o campo do gueto novo, onde, entre 1528 e 1532, estavam localizadas as mais antigas, a Escola alemã e a Escola Canton, mais tarde, também recebe a Escola Italiana (1581) e três pequenas sinagogas (a Luzzatto, a Coanim e a Meshullanim). Não são organismos autônomos, mas ambientes espaçosos e luminosos, localizados nos andares altos de edifícios com funções comerciais e habitações, associados a espaços destinados a escolas religiosas (*midrashim*) e atividades assistenciais. Não emergem do tecido edilício circunstante e são identificáveis somente pelas pentaforas altas, que as distinguem, e remetem aos tipos freqüentes na construção medieval e renascentista veneziana.

# 9. AS CIDADES ATRAVÉS DOS TRATADOS

As Primeiras Elaborações Teóricas: Leon Battista Alberti

No início da Idade Moderna, principalmente na Itália, arquitetos, artistas, filósofos e engenheiros militares elaboram novas teorias sobre as cidades e as partes que a constituem. Suas publicações geram vivas discussões e induzem mudanças no gosto, mesmo se de imediato influem apenas marginalmente nos aspectos físicos da implantação. No século XV, emergem os primeiros projetos de crescimento urbano regularizado, sensível – como já se viu – às reflexões teóricas (Vigevano, Ferrara, Urbino, Pienza, Ímola), mas, também se manifestam limitações nas decisões dos nobres frente a poderes urbanos diversos e contrastantes. Freqüentemente, a inadequação dos ideais humanísticos em relação às resistências da cidade real se revela de modo evidente, de maneira que os esforços de inovação se reduzem

149

a episódios isolados, a edificações individuais, mais do que em conjuntos de edificações articulados; no entanto, os textos sobre a cidade captam e reelaboram as características do ambiente urbano existente. Enfim, mesmo se os tratadistas estão conscientes da realidade na qual operam, não é tão garantido que a maior parte dos autores que constroem nas cidades conheçam realmente as regras divulgadas pelos grandes humanistas. Todavia, os tratados de arquitetura e de fortificações, que permaneceram em manuscritos ou impressos, são pouco a pouco apreciados e admirados também nos países situados além dos Alpes. O caráter, ainda medieval, de cidades na França, na Alemanha, em Flandres – em forte contraste com as inovações no desenho e na linguagem arquitetônica, na teoria das simetrias e dignidade das muralhas, das ruas e das praças – e, depois, a elegância dos jardins constituem uma surpresa para os visitantes nórdicos e um impulso para também investir na valorização urbana de seus países.

Bem no início do século xv, a *Laudatio Florentinae Urbis*[1] de Leonardo Bruni (baseado no modelo da oratória de Aristides, em Roma) constitui um precedente dentre os primeiros tratados, porque revela os sinais de uma profunda renovação sobre as idéias da cidade: a implantação civil e laica e o homem estão no centro de um processo de apropriação racional da natureza e da história. O tema é a exaltação de Florença, mas a intenção parece ser aquela de oferecer um modelo geral. O autor organiza o tecido territorial de todo o Estado florentino como se fosse uma série de anéis concêntricos. As muralhas, os subúrbios, as propriedades rurais dos cidadãos, as terras dependentes, as casas dos mercadores, todos rodam em volta daquilo que Bruni, chanceler da República, considera ser o monumento mais significativo da cidade: o palácio della Signoria, isto é, a sede do governo civil.

1. "Louvação à Cidade de Florença" é um panegírico realizado por Leonardo Bruni em 1403-1404 com referências à importância de Florença e às ameaças externas.

Após algumas décadas de distância, a eleição para papa, de Nicolau v, provavelmente tem um papel indireto nas elaborações teóricas. Leon Battista Alberti (1404-72), que já fazia parte da secretaria do pontifício e, provavelmente já tinha sugerido a reestruturação da praça de S. Pedro, dedica a Nicolau v o seu tratado de arquitetura, um texto dirigido à educação arquitetônica dos clientes e dos artistas mas, principalmente aos futuros arquitetos. O *De Architectura seu De Re Aedificatoria Libri* x[2], concluído em 1450, já divulgado em 1452 e publicado em Veneza em 1485, após a morte do autor, representa uma nova expressão no campo da arte de construir, que propõe ser uma criação ética a ser estendida a todo ambiente físico modificado pelo homem; traduzindo-o em regras e endereços, organiza conhecimentos que até então eram transmitidos através de costumes e estatutos da municipalidade. Seu comportamento em relação ao projeto é pragmático, mesmo que Alberti chegue à arquitetura, não por meio de uma experiência artesanal de obra ou das artes decorativas, mas com uma profunda pesquisa filosófica sobre as condições humanas, sobre os limites das técnicas, sobre as *litterae* gregas e latinas. Ele recomenda a simetria e os traçados regulares usados pelos antigos, mas reconhece a funcionalidade da malha viária articulada dos centros urbanos menores; não coloca o problema de controle da forma urbana em termos abstratos. O texto não oferece modelos gráficos, não apresenta desenhos.

Aqui nos interessam principalmente os livros IV, V e VIII. No IV, o grande humanista se preocupa com funcionalidade ou não dos serviços da cidade, que deveria ser circundada por uma planície fértil, abundantemente fornecida de água, dotada de vias de acesso ao mar. Enfim, não deveria apre-

---

2. *De Architectura seu De re aedificatoria* (Sobre Arquitetura ou Seja sobre a Arte de Construir), primeiro grande tratado moderno de arquitetura, escrito por Leon Battista Alberti. *Libri* x (Livro x) – O Restauro das Obras. Livros acrescentados: O Navio; Relatório de Custos; Aritmética e Geometria; Os Instrumentos que o Arquiteto Utiliza no Seu Trabalho.

sentar nenhum "desconforto". O autor propõe um método de análise e classificação baseado em uma relação direta entre necessidade e função, entre estado social e tipo edilício; assim os edifícios serão públicos ou privados, sacros ou profanos, urbanos ou rurais, em uma comparação contínua com a cidade existente. Mesmo elogiando os aspectos utilitários do ensino vitruviano, como aqueles do sítio (em termos de topografia, micro clima, defesa), Alberti aponta também para a importância das qualidades estéticas: uma cidade não é destinada somente à moradia, ao contrário, ela deve ser tal que lhe sejam reservados "agradabilíssimos" espaços, tanto pelas funções cívicas, como pelas horas de lazer na praça, na carroça, nos jardins, a passeio, na piscina (com claras referências ao patrimônio arqueológico de Roma). No livro v, ele sustenta a necessidade de uma área interna vinculada ao uso agrícola e livre de construções para eventuais ampliações. Influenciado pelas características medievais de implantação, ele intui sobre o problema da fortificação – o uso de armas de fogo não tinha sido ainda introduzido –, como vínculo a futuros desenvolvimentos. Além disso, enfrenta o conceito da tortuosidade das ruas e das ruas sem saída (reforça os objetivos vitruvianos de insolação e ventilação), mas também aquele da necessidade de abrir novas ruas, em relação a exigências de decoração e de comunicação. Mais tarde, no livro VIII, Alberti trata das questões distributivas, indicando tanto os diversos tipos de usos e a ornamentação das praças de mercado (aquelas destinadas ao dinheiro, ervas, ao gado, às madeiras), quanto a estética dos largos situados em frente ao porto e, principalmente a dos eixos viários centrais que deveriam ser ladeados por edifícios bem alinhados, com a mesma altura e com pórticos (enfim, ele considera a decoração como duração, comodidade e regularidade, com proporções e euritmia no desenho das ruas). O autor sustenta também que o plano de uma cidade não pode produzir efeito imediato como o de uma praça, mas sim, em tempos diferentes, estabelecendo nexos de continuidade entre soluções do passado, do presente, do futuro. Ele pede reestruturações parciais, mudanças nos espaços públicos e de uso coletivo. Amiúde racionaliza situações específicas; isto é, assume um comportamento operativo realístico. Descrevendo o Cairo, por exemplo, fala de sua subdivisão em doze bairros, portanto, de uma escolha de ordem política considerada oportuna, porque tende a uma homogeneização das classes. De fato, afirma Alberti (que provavelmente refere-se às repressões dos motins do povo e das revoltas, tão freqüentes na Florença do século xv), ocorre não separar os ricos dos pobres, nem separar as funções residenciais daquelas do trabalho, mas integrar umas às outras, estimulando a participação da vida de comunidade. Provavelmente pensa também em Roma, dividida pelo rio, com a população espalhada pelas colinas, segundo núcleos: cidade de grandes discórdias e policêntrica, que ele mesmo tenta unificar através de operações coordenadas por Nicolau v.

Os Esquemas da Arquitetura Militar:
Francesco di Giorgio Martini

A preferência pelas formas geométricas não circulares tão apreciadas por Filarete (ver anexo sobre Sforzinda) é também apreciada por Francesco di Giorgio Martini (1439-1501): esquemas em condições de adaptar-se às preexistências ambientais e topográficas (aos restos medievais ou também da *castramentatio* romana). Em seus textos, redigidos em tempos diferentes e reagrupados em dois tratados por Corrado Maltese em 1967, transparece uma notável preparação técnica, com grande sensibilidade artística também. No segundo tratado de *Architettura civile e militare* (Arquitetura Civil e Militar), um tópico inteiro é dedicado ao tema da cidade. Acompanhado por desenhos onde, o espaço e suas proporções são os protagonistas, o manuscrito (derivado dos códigos Senese S. IV e Magliabechiano 11.1.141) foi publicado somente em

1811 por Carlo Promis e reimpresso em 1841 por Cesare Saluzzo. O autor organiza o material em duas partes: "na primeira deve ser considerado aquilo que se procura como beleza, utilidade e ornamento da terra dentro das paredes [o tecido urbano edilício interno]. Na segunda, sobre qual figura a cidade deve ter [a forma do perímetro]". Inicia assim, com Francesco di Giorgio, aquele processo de especialização que faz tratar as muralhas e fortificações como sujeito operativo e historiográfico separado e autônomo.

A experiência pessoal de projeto (para as fortificações de S. Leo em Sassocorvaro) exige reflexões teóricas que enquadram o tema da cidade dentro dos novos sistemas de defesa. Para isso, Francesco di Giorgio considera o esquema circular impróprio para a cidade; ao contrário, ele é favorável ao losango ou rombóide (o mais perfeito), ou ainda ao quadrilátero e à forma geométrica de diversos lados. O conhecimento dos clássicos, os exemplos da arquitetura romana e a formação artística no ambiente de Siena tornam-se as bases de um estudo quase exasperado sobre as proporções geométricas e suas correspondências espaciais. Em seu tratado, são evidentes as influências de Alberti e de Filarete.

A parte mais original do texto de Francesco di Giorgi é o livro III, dedicado aos *Castelos e Cidades*, no qual o autor teoriza sobre a "economia geral da cidade" e oferece um programa sobre os problemas de interesse social e coletivo: a higiene, a estética (entendida como parte de questões sociais e conseqüência das funcionalidades das construções). Mais detalhadamente, indica as razões que determinam a distribuição dos edifícios e das atividades. Ocorre localizar "longe das ruas principais: porém, vizinhos a elas" as indústrias e os comércios não nobres ("os serralheiros e os mestres marceneiros devido ao barulho; e os sapateiros e açougueiros, devido à sujeira"). A praça principal, "enriquecida por bodegas e honradas atividades", deve ser o centro comercial além daquele político, religioso, econômico e de representação. De fato, o edifício luxuoso, a catedral, a *loggia*, o quartel, a prisão, os edifícios públicos constituem o fulcro da vida urbana, da qual devem ser racionalmente afastados os trabalhos mal cheirosos, barulhentos ou nocivos: "todas as artes que possuem em si beleza e decoração devem estar localizados nas ruas principais e em lugares públicos; e da mesma forma, ao contrário, as atividades que estão ligadas a um tipo de imundice, devem ser postas em lugares segregados". A hierarquização das ruas, principais e secundárias, leva em consideração as relações de necessidade entre os vários tipos de atividades e de necessidades específicas (por exemplo, militar). Academias, termas, lugares de reunião são o ornamento da cidade; teatros e anfiteatros devem ser posicionados em "lugares distantes das partes comuns", em "lugares secundários e extraordinários" para um maior envolvimento do público.

No capítulo "Os Perímetros das Cidades e da Economia Dessas Comparada ao Solo", são estudadas as características topográficas que influem na elaboração do plano, tanto para cidades de planície, quanto para as de colina, localizadas em um vale ou atravessadas por um rio. Dignas de nota são as observações em relação às formas das ruas e praças com pórticos ao longo de um percurso de água, a organização das pontes e dos desembarcadouros, os diversos tipos de fortificações terrestres e portuários, a localização das portas.

Francesco di Giorgio escreve em latim vulgar com a intenção de endereçar-se a muitos; concebe uma intervenção global em contraste com as tendências prevalentes do período, dessa maneira ele não é atual, tanto que permanece inédito até o século XIX, acolhido somente em círculos restritos e ambientes intelectuais. Seu mérito não é somente ter estudado composições geométricas e soluções especiais de espaços arquitetônicos, mas, ter sido o primeiro a considerar a cidade como um organismo vivo, capaz de evolução, no tocante às exigências da comunidade que lá vive, isto é, como expressão no espaço de uma sociedade que muda.

As Hipóteses de Modernização das Cidades Existentes: Leonardo da Vinci

As anotações escritas, acompanhadas por desenhos e propostas feitas por Leonardo da Vinci (1452-1519) para Ludovico, o Mouro, depois da peste de 1484-1485, durante a qual faleceram mais de cinco mil cidadãos do ducado lombardo, evidentemente, não podem ser simplesmente classificadas como uma etapa no período dos tratados; todavia ele tem o caráter das formulações dos princípios gerais. As formas poligonais (presentes em seus esquemas gráficos) são hipóteses abstratas, destinadas a testemunhar certa visão do mundo e da vida, mais do que serem realizadas num lugar determinado e específico. Leonardo sugere refazer as cidades mais bonitas, com dimensões adequadas, "desestruturando tanta confraternidade entre o povo", com a nova consciência dos efeitos negativos da densidade edilícia. Os seus estudos devem ser considerados no contexto das escolhas de reestruturação e de descentramento da área milanesa realizadas por Ludovico, o Mouro, devido a questões políticas e econômicas. O certo é que no conjunto de sua obra, ele prefigura uma modernização de cidades existentes, adquirindo vantagem sobre as condições do solo e de recursos específicos disponíveis, interessado como é pelas características econômicas, geológicas e topográficas, mais do que a um núcleo individual urbano. Dessa maneira devem ser interpretadas as tentativas de posicionar as habitações na cidade, elaboradas com o olhar irrequieto do artista que compõe e recompõe no papel, formulando novos projetos sobre aqueles já traçados; mesmo as propostas de direcionar as águas em galerias sobrepostas, escavadas na rocha; ou a demonstração gráfica da necessidade de criar ruas "altas ou pênseis" e "baixas e subterrâneas", portanto, em dois planos paralelos, um sobre o outro, com a separação dos percursos de carruagens daqueles dos gentis-homens; ou ainda os esquemas de redes de estradas alternadas com

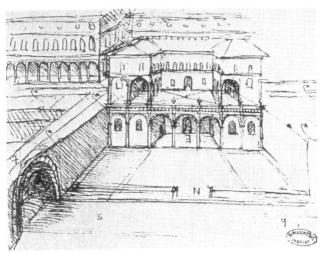

Figura 48: *Leonardo da Vinci, esboço de uma cidade em parte subterrânea. Institut de France, ms.B.*

praças amplas, isolando os monumentos de grande valor artístico e propondo a demolição da edilícia degradada e decadente, a eliminação de ruas tortuosas e de muralhas corroídas pelo tempo. Mesmo depois, quando em 1516 trabalha na França, no castelo de Amboise, para Francisco I (1515-1547), as questões enfrentadas – físicas, matemáticas, geológicas, as grandiosas obras hidráulicas, os projetos arquitetônicos complexos – têm a pretensão e todas as características de respostas a problemas gerais.

A Difusão da Historiografia Civil e Militar: de Sebastiano Serlio a Albrecht Dürer

Nessa questão será necessário citar alguns outros nomes célebres da historiografia da arquitetura, respectivamente civil e militar. Entre os primeiros, Sebastiano Serlio (1475-1554) dedica o livro III (1540) à obra *As Antiguidades de Roma*; no VIII (1546-54), inédito em boa parte, trata

157

também de *Castrametatione*, isto é, de cidades militares. Porém, durante toda a obra, ele tem principalmente o objetivo de uma qualidade urbana difusa, em que a decoração se transfere dos edifícios à cidade inteira e, de maneira particular, para a residência, que ele considera o setor de maior relevo. Para isso, a classificação proposta é maior do que em outros textos precedentes: desde o "casebre" até o palácio real, com uma análise da sociedade da época, além das possibilidades de intervenção. Em relação aos edifícios públicos, ele aprofunda somente os casos mais comuns, a prefeitura e o palácio do Governo. Da mesma maneira, Bartolomeo Ammannati (1511-1592), arquiteto e escultor, trabalha a vida toda nos estudos de uma única cidade e de seus monumentos. Dele permanece nos Uffizi, um invólucro de desenhos, publicados em 1970 por Mazzino Fossi com o título de *A Cidade Ideal: Anotações para um Tratado*[3].

Entre os segundos, isto é, entre os estudiosos de arquitetura militar, de singular importância pela capacidade de penetração também a nível internacional, encontramos os teóricos das fortificações, que também tiveram seus raciocínios e esquemas ideais propostos: Buonaiuto Lorini (aprox. 1540-1611), Francesco De'Marchi (1504-1576), Gerolamo Maggi (1523-1572), Giacomo Fusto Castriotto (1510-1563), Mario Giulio Savorgnan (1513-1574). Seus pontos de partida devem ser procurados na relação estreita que estabelecem entre implantação das estradas e os recintos fortificados. Freqüentemente, eles propõem um modelo radiocêntrico da rede viária, que interliga a praça central com as portas ubicas e os principais pontos fortificados com muralhas.

Giuliano da Sangallo (1445-1516) – arquiteto e engenheiro – e Antonio da Sangallo, o Jovem, são personalidades considerados de certa maneira intermediárias, porque se empenharam nas duas variantes da construção civil e

---

3. Coleção Fontes e Documentos para a História da Arquitetura, t. 2, Roma.

militar, além daquela de representação: o livro (manuscrito vaticano Barb. Lat. 4424) do primeiro dos autores citados foi publicado por Charles Huelsen (Lipsia 1910) na coleção "Códices et Vaticani Selecti": entre desenhos de maquinários e de monumentos antigos, contém também dois planos de cidades fortificadas. O segundo (1473-1546), arquiteto formado com Bramante, enfrentou em Parma e Roma a projeção de estradas e de trechos de muralhas, também deixou desenhos de cidades fortificadas (conservados nos Uffizi).

Mas a reflexão teórica não floresce somente na Itália: nos países nórdicos existe, entre outros, um nome que deve ser pelo menos mencionado, e é aquele personagem que, mesmo se de temperamento diferente, é análogo a Leonardo por ambos serem motivados pelo desafio das pesquisas, Albrecht Dürer (1471-1528). De fato, ainda antes de desenhar cidades e fortificações, seus estudos também incluem a anatomia e a perspectiva. No tratado *Unterricht zur Befestigung der Stadt, Schlossen und Flekken* (Instrução para o Fortalecimento da Cidade, do Castelo e do Povoado), publicado em Nurembergue em 1527, ao discutir sobre cidades, castelos e burgos, Dürer assevera sobre a centralidade dos lugares civis e políticos em substituição aos lugares religiosos (a catedral) da Idade Média. Sua descrição trata do que observa nos centros habitados do fim do século XV, mas também quer ser uma representação da cidade ideal, cujo desenho da planta é um quadrado, orientado pelas diagonais norte-sul e leste-oeste. Os quarteirões de habitação são divididos segundo uma malha ortogonal, em volta de um espaço central no meio do que está situado o palácio. O autor demonstra um conhecimento profundo de Vitrúvio e exprime preocupações de ordem sócio-cultural. Sua estratégia urbana não é movida apenas pelo desenho das muralhas, ou das realizações de castelos fortificados, mas propõe uma divisão sofisticada das funções urbanas e um traçado de ruas com referência à malha viária da cidade romana.

159

A Cidade Ideal: Tomas Morus

Nesse rápido resumo não pode faltar um outro nome célebre: aquele de quem se pôs o problema da cidade ideal, não como profissional de arquitetura ou de desenho, mas, como estudioso da organização social e política. Para ele, certamente, a forma física não é a questão primária.

Tomas Morus (1478-1535), canônico de Leuven, publica em 1516, o seu *Libellus de nova insula Utopia*, em cujo frontispício representa uma ilha através de um círculo; no meio, a cidade principal, constituída por uma única rua cujas edificações bem posicionadas, em ordem, ainda construídas em estilo medieval. O texto trata de organização teórica. Utopia é uma ilha (não uma única implantação), na qual é abolida a propriedade particular, e contém 54 cidades (igual aos 54 condados da Inglaterra, também edificados com filas de casas idênticas). A capital, Amaruoto, com sua ordem espacial, reproduz a ordem social da região onde se encontra o centro. Integrada com a natureza por meio de uma autorização inglesa com as mesmas características do sítio, é descrita como posicionada em um doce declive, dotada de um perímetro mais ou menos quadrado e organizada (diversamente do que aparenta na ilustração) em planta ortogonal: os quatro bairros têm praças centrais, as ruas são "judiciosamente" retilíneas, existem treze templos, um maior localizado no centro, de modo a servir a maior parte da população, a fachada em frente ao rio Anidro é "levemente" mais extensa que as outras; o núcleo residencial é interligado com a margem oposta por uma ponte com arcos de pedra, erigida na extremidade do perímetro das muralhas, para permitir aos navios avançar sem obstáculos ao longo de um lado inteiro da implantação; quatro amplos hospedais e matadouros estão localizados na parte externa das muralhas.

As ilustrações que acompanham a primeira edição do livro, aludindo a arquiteturas tradicionais de estilo gótico medieval, mostram que existe uma divergência de gosto entre o autor e seus ilustradores.

SFORZINDA

Antonio Averulin, arquiteto e escultor florentino, adotando o nome grego de Filarete (aprox. 1400-1469), entre 1458 e 1464 escreve seu *Tratado de Arquitetura*, do qual existe um primeiro exemplar ilustrado no código Magliabechiano de Florença e numerosas edições manuscritas em italiano e traduzidas em latim, destinadas a terem ampla difusão na Europa. Ele descreve uma cidade fictícia e seu entorno: Sforzinda (assim denominada em honra de seu protetor e supostamente cliente, o duque de Milão, Francesco Sforza). O livro, mais que um tratado, parece uma história densa de imagens literárias; porém, acompanhado de esboços e desenhos – é o primeiro texto que faz propostas gráficas, de apoio às explicações escritas – propõe soluções de ordem geral: parte dele foi publicada em Viena, em 1896, sob a curadoria de Wolfang von Oettingen.

Ao adotar um esquema constituído por dois quadrados alternados de 45 graus, imersos na paisagem natural, de grandes dimensões para a época, enfrenta o problema da cidade nova nas suas relações com o espaço rural e da distribuição hierárquica dos edifícios; propõe um sistema radial para a organização de ruas e canais, ao qual sobrepõe, no centro, o esquema ortogonal do conjunto de praças e de atividades públicas. As praças do câmbio (com o palácio da prefeitura, o banco, a casa da moeda) e a praça dos ourives (com o palácio das guardas e os banheiros) estão ao lado do espaço da praça principal, concebida como um foro romano largo de 150 braços (aprox. noventa metros) e trezentos de comprimento, não muito diferente, nas proporções, da praça de Vigevano, onde estão localizadas a catedral e o palácio do príncipe. Na disposição de muralhas poligonais, orientadas com 45 graus, é evidente uma preocupação em defender-se das armas de fogo. Entre o centro e o perímetro das muralhas, uma rua, com forma de anel, une a série intermediária das dezesseis praças menores (de 46,5 x 93 metros), ocupadas por igrejas e por mercados.

Casas de artesãos e pequenos bairros de operários respondem às necessidades de todas as classes sociais. Estão previstas escolas austeras e separadas para rapazes e moças, cadeias, a casa "do vício

Arquivo 161

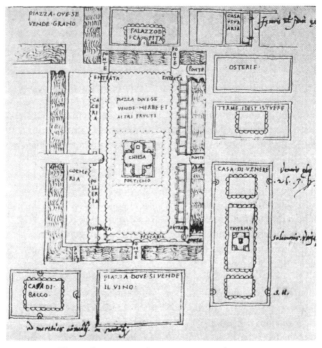

Figura 49: *Sforzinda, sistema de praças: praça dos negócios ou praça do Mercado*. Antonio Averlino, chamado de Filarete, Tratado de Arquitetura, 1460-1464, Código Palatino, f. 140.

e da virtude", para alcançar a perfeição moral dos cidadãos, uma sala de leitura, uma academia e um espaço para o estudo da astrologia localizado no ponto mais alto: no conjunto, trata-se de um proclame de orgulho cívico que enfatiza a dignidade humana mais do que as preocupações religiosas. Fora, dando espaço a sua irrefreável fantasia em propor a moda arqueológica com as necessidades funcionais, Filarete imagina um labirinto, em volta da cidadela, como aquele de Dédalo com o Minotauro. O problema principal enfrentado aqui, por Filarete, é aquele da estrutura urbana e de seu funcionamento. A introdução do elemento da água só pode ser um eco das estadias feitas pelo autor, em Mântua, Pádua, Veneza, além da própria Florença, sua cidade natal.

Sforzinda permanece somente o esquema de uma cidade ideal, uma forma estrelada, aparentemente abstrata, de um contexto verídico; todavia, transparecem referências diretas da cidade existente: a forma de governo é o aristocrático do ducado dos Sforza, a estrutura radiocêntrica é a de Milão e as analogias entre os edifícios principescos fantásticos e as intervenções que se estavam realizando na capital lombarda, entre a catedral e a praça do mercado e, principalmente, aqueles projetados em parte realizados pelo próprio Averlino: o Hospital Maggiore de Milão (1460-1465) ou a catedral de Bérgamo não podem ser fruto de puras coincidências.

10. O ARQUITETO, O CLIENTE, AS TÉCNICAS

O Arquiteto como Responsável do Projeto

Durante o século xv, o papel do arquiteto se modifica principalmente na Itália: a mudança acontece rapidamente e pode-se assinalar o início, de forma emblemática, com a cúpula da catedral de Florença de Brunelleschi (entre o ano do concurso – 1418 – e o da conclusão da obra –1436). Esse é um período em que os artistas, literários e cientistas estão todos contemporaneamente ocupados em pôr em discussão os princípios da cultura tradicional. É particularmente forte a ligação entre a pintura da arquitetura e a arquitetura realizada; os monumentos antigos são objetos de estudo, começam a ser visitados, medidos, desenhados em todos seus detalhes. Mas é o próprio arquiteto quem toma o passo decisivo: a combinação dos vários aspectos que caracterizam suas competências, entre eles, a teoria geométrica da perspectiva, as referências aos elementos padronizados da Antiguidade, as técnicas de construção, a invenção de máquinas extraordinárias, a realização de maquetes, o controle dos materiais; enfim, um método de trabalho baseado no estudo, na pesquisa, na contínua elaboração das fontes. Não é mais da Idade Média o encargo coletivo de dirigir o canteiro da cúpula, difícil e caro; ele agora progride rapidamente graças aos financiamentos da Arte da Lã, passando através da burocracia dos concursos, dos pareceres sobre as maquetes apresentadas, o controle cruzado dos representantes das Artes e da Obra de S. Maria del Fiore e das vistorias, mas principalmente por meio da participação de dois arquitetos responsáveis pelo projeto, Brunelleschi (indicado nos sucessivos documentos como sendo o único verdadeiro autor da maquete) e Ghiberti (seu concorrente na obra desde o primeiro concurso, em 1418). Os inventores da nova cultura artística estão inseridos no mundo das corporações, em Florença, tradicionalmente ocupado com o controle das obras de edificações mais complexas, mas reivindicando sua autonomia individual, liberando-a dos vínculos coletivos para, dessa maneira, passar a se relacionar com novos clientes ligados às famílias nobres. As maiores novidades são, portanto, introduzidas principalmente pela difusão das novas tipologias dos edifícios, construídos com a contribuição, por parte dos especialistas arquitetos, das reflexões sobre a forma da cidade e construídos também com a ajuda da nova normativa (principalmente depois de 1489, ano em que foram emitidas as cláusulas de isenção fiscal, favorecendo os que têm intenção de edificar sua residência, contribuindo assim para uma maior "decoração" urbana). Um pragmatismo utilitarista marca essas iniciativas.

Os artífices da geração sucessiva estão mais livres dos ambientes urbanos e movem-se livremente nas cortes dos príncipes. Em Milão, Sforza, aliado dos Medici, faz vir de Florença Averulino para a realização do Hospital Maggiore (1460-1465) e os Medici mandam Michelozzo reconstruir o edifício da Banca Medici e a capela Portinari em Santo Eustorgio. Mais tarde, Lorenzo, o Magnífico, manda para Ludovico o Mouro, Leonardo (1481) e Giuliano da Sangallo (1493). Em Nápoles, Alfonso II, que, em 1465, casa com Ippolita, filha de Francesco Sforza, mantém a sua corte interligada com Florença e com Milão e emprega alguns dos mais célebres artistas italianos... A iniciativa pessoal conduz a realização de intervenções arquitetônicas grandiosas, num período feliz durante o qual, clientes e artistas trabalham juntos longamente, transformando de maneira significativa algumas cidades italianas de tamanho médio.

Dessa maneira, acontece que, entre Francesco Sforza e Filarete exista provavelmente uma solidariedade similar àquela que existe entre Ercole d'Este e Pellegrino Prisciani ou Biaggio Rossetti, ou entre Ludovico, o Mouro e Donato Bramante, ou entre Pio II Piccolomini e Bernardo Rossellino. Relações desse tipo são explicadas nas relações de consultoria que se formam entre o príncipe e seu arquiteto ou com seu oficial. Uma sintonia especial parece estabelecer-se e permanecer, mesmo quando mais tarde outros profissionais intervêm no projeto e na execução. Nos pequenos domínios da Itália centro-setentrional (Capri, Guastalla, Mirandola, Novellara, Sabbioneta, Casale Monferrato, Mônaco, Piombino, Massa, Melfi, Finale, San Marino, Bracciano, os castelos da Lunigiana), "terras" ou pequenos centros, apesar da frágil fisionomia urbana, são capitais de um pequeno Estado dinástico, o príncipe (mesmo o mais atento às questões de arquitetura), em geral, não é o único protagonista do projeto de transformação; de fato, junto a ele existem forças solidárias ou antagonistas (seus oficiais, a nobreza local, os cidadãos, os senhores das cortes vizinhas). Portanto, para estudar o papel de construtor, é necessário refletir não somente sobre sua própria figura como cliente ou como projetista em primeira pessoa, mas também na integração que ele estabelece com a cidade dominada e com os cultos burocratas que o circundam.

167

Em outros lugares, por exemplo, no território da República Vêneta, não encontramos – senão mais tarde e bem raramente – uma relação de confiança análoga entre o doge, ou seus responsáveis, e o engenheiro encarregado da obra. A duração das sucessões dos cargos e aquele dos trabalhos realizados de acordo com o programa, não coincidem. Não é freqüente que os peritos tenham em comum com os clientes a mesma cultura, que ambos conheçam os tratados e a lição dos antigos. As técnicas de representação do projeto, as maquetes e os desenhos (nos casos em que eles foram encontrados) ao contrário, demonstram antagonismo.

Ao contrário, a partir de sua formação clássica, de um profundo conhecimento dos códigos gregos e latinos e do conhecimento vitruviano, há quem se confronte com os problemas concretos de uma específica situação e, todavia, no contexto das atuações não é aceito pelos organismos que detêm o poder de tomar decisões. É o caso de fra'Giocondo (aprox. 1433-1515), primeiro tradutor em latim vulgar da *De Architectura* de Vitrúvio, que, em Veneza, após o terrível incêndio que destruiu toda Rialto, em 1514, propõe a construção de um foro perfeito, à maneira dos gregos; e seu desenho, sem compromissos, não pode ser compreendido em uma situação densa de costumes e de interesses estratificados. Acontece então, que a absoluta perfeição do desenho se torna um "modelo", mas não um projeto realizável. Existe – é verdade – o caso da estreita relação de confiança instaurada, nas primeiras décadas do século XVI, entre Andrea Gritti, doge autoritário e inovador, e o grande arquiteto florentino, Jacopo Tatti, chamado de il Sansovino (1486-1570) para realizar, além de seu palácio, algumas das mais importantes edificações *marcianas*[1], mas, no contexto da laguna, essa foi uma exceção.

Todavia, é verdade que o século XVI se torna em toda a Europa o século dos tratados. Não é mais somente na Itália, nem somente por parte dos grandes humanistas,

---

1. Ver nota 2 capítulo 4.

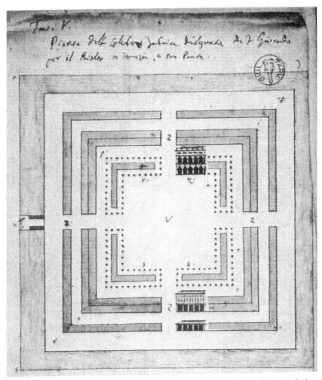

Figura 50: *Domenico Maria Federici, Reconstrução do projeto de fra' Giocondo para o foro realtino destruído pelo incêndio de 1514, em* Convito Borgiano, *1792. Treviso, Biblioteca Comunale, ms.164, tav. 1.*

que se sente a necessidade de encontrar, através da teoria e de uma série de modelos de referência, uma direção para o projeto urbano. Pensamento teórico e considerações estéticas passam a fazer parte do oficio do arquiteto. Não quero dizer com isso que os esquemas ideais e as categorias do belo conseguem influenciar concretamente a maior parte das obras de transformação, em sua realização material; mas parece que se cumpriu um salto de qualidade ao avaliar as relações entre o que se realiza em uma área e seus efeitos no contexto urbano inteiro. Existe ainda uma grande diferença entre a perfeição da geometria e o saber dos antigos, desejada pelos tratados, e o empirismo do conhecimento do canteiro, e é nesse empirismo, que na maior parte dos casos é pertinente a colocação de pedra sobre pedra; mas parece poder colher ao mesmo tempo, em quem decide e governa, e em quem realiza, uma confiança maior na possibilidade de referir-se a esquemas lógicos para construir uma estratégia de conjunto. Agora, a conseqüência é reconhecer que existem competências profissionais atinentes à qualidade do projeto e que, portanto, sucede recorrer à contribuição de um arquiteto e de seu conhecimento. E esse conhecimento é cada vez mais codificado em textos e desenhos, em boa parte publicados, passando de mão em mão, vistos por muitos, eles circulam em ambientes distantes.

O Cliente como Ideador de uma Estratégia Urbana

Roma é um organismo complexo e múltiplo que, por muitas décadas e devido a muitos aspectos, foge de um controle centralizado, mas é evidente a importância que a comissão pontifícia, assume de improviso, para a reorganização e modernização técnica da cidade no período aqui considerado. É Martino v Colonna (1417-1431) que inicia uma atividade de reorganização funcional, com o restauro de algumas igrejas e dos edifícios do Campidoglio, a exeqüibilidade da ponte Milvio, a consolidação das muralhas, o controle alfandegário nas proximidades da foz do Tevere. Numa realidade mísera, caótica e informe, feita por estruturas decadentes ou desestruturada, ele não se põe o problema do respeito pelos restos antigos; ao contrário, a existência de edifícios em boas condições de conservação parece legitimizar, aos seus olhos, a utilização de materiais removidos das edificações em ruínas. O pontifício concede autorizações aos empresários para retirar pedras e tijolos, destinados à realização de obras nas propriedades de famílias com as quais está diretamente envolvido. Seu sucessor Eugenio IV (1431-1447), mesmo ausente da capital por longo período, trabalha na mesma direção de seu predecessor, isto é, para melhorar as qualidades funcionais (nas áreas densamente habitadas no entorno do Pantheon, no Campo dei Fiori, na enseada do Tevere) e as infraestruturas (restaura as pontes de Isola Tiberina, realiza a pavimentação da praça do Pantheon). Porém, mesmo com a supressão de programas e instrumentos, é Niccolò V que impõe um novo modelo de desenvolvimento em Roma, centrado na idéia de uma *renovatio* destinada a estabelecer uma ponte cultural com o mundo antigo. O primeiro papa humanista, com relações análogas àquelas que em outras regiões se estabeleciam entre senhores dos Estados vizinhos e os homens de sua confiança, devido a isso utiliza a consultoria de um grande e cultíssimo arquiteto, Leon Battista Alberti, então funcionário pontifício. A ele são dados trabalhos de restauro e adaptação do perímetro das muralhas aureliana e vaticana (as muralhas eram também um elemento simbólico indicativo do papel da cidade), como também a readaptação das pontes e depósito hídrico (aqueduto da Acqua Vergine). É atribuída particular importância ao restauro dos edifícios tardo-romanos ou paleocristãos (civis e religiosos); além da reestruturação de S. Pedro no Vaticano e às obras do Campidoglio (pela reedificação do palácio dos Conservadores e o restauro do palácio Capitolino). Nem todo o plano foi realizado; mas, a partir de meados do século até o período de Leão X, a situação mudou exatamente na importância do peso do cliente: por um lado, continua o processo de reorganização e modernização técnico-funcional da cidade, mas por outro lado, inicia uma pesquisa relativa a um programa de recuperação da herança clássica até a esfera cultural da igreja. As duas linhas se intersectam.

Pio II Piccolomini (1458-1464), refinado humanista e Paolo II Barbo (1464-1471), pertencente a uma rica e culta família veneziana, desviam a atenção de suas intervenções para iniciativas mais localizadas e pontuais. O primeiro se

171

limita a continuar obras já iniciadas. O outro, quando ainda era cardeal, já tinha construído sua residência (palácio Venezia, com o grandioso jardim e a capela de S. Marcos) como parte de edificações prestigiosas e pólo de desenvolvimento de uma área urbana, até então periférica. Interligando o velho centro, densamente habitado, e as novas desejadas zonas de expansão em direção ao bairro Monti, o edifício se torna ponto de referência e de estímulo para outras e análogas iniciativas de edificação privada, de palácios, mas também de casas mais simples. Enfim, um exemplo no desenvolvimento de implantações com novas estratégias.

Um passo importante no sentido de um funcionamento urbano mais orgânico deve-se, mais tarde, a Sisto IV della Rovere (1471-1484), cujo longo pontificado permitiu desenvolver um programa sem preconceitos. Para ele, renovação está relacionada com o propósito de reorganizar, de maneira eficaz, a cidade inteira como capital de um Estado, racionalizando experiências baseadas na prática. O papel dos arquitetos e dos engenheiros envolvidos limita-se à execução e ao uso correto da técnica; eles não têm muita autonomia; a autoridade do cliente é soberana. Os executores provêem da corte de Urbino, não são nomes de primeiro plano, mas dotados de grande experiência profissional.

Os Técnicos e Suas Competências

No entanto, os técnicos das magistraturas, nomeados pelas edificações públicas, encontrados em toda Europa, freqüentemente substituem e trabalham ao lado do projetista, do grande arquiteto famoso, em uma posição que acaba por incidir nas escolhas realizadas em medida ainda mais significativa, num contexto como aquele delineado nos parágrafos precedentes, que certamente marca a mudança de uma época.

Como os mestres das Diretorias Provinciais do Sal, dos Procuradores de S. Marcos, dos Magistrados das Águas em Veneza determinam as demolições necessárias, fixam as modalidades das reconstruções, estabelecem relações com os executores na sede dos canteiros, os *milites procuratores* e os deputados *ad utilia,* nas cidades súditas da Serenissima – ou os funcionários do Ofício de Águas, estradas e pontes do ducado de Milão, ou ainda os *boni magistri* empregados nos Estados dos Gonzagas e dos Riario – têm uma autoridade em relação às estruturas do poder local ou central, que lhes é reconhecida pela aquisição de competência específica.

De maneira análoga, mas em geral mais subordinada a Roma, os *Magistri aedificiorum et stratorum urbis,* instituídos no século XIII e recolocados em vida em 1425, com o sigilo de Martino V, vêem ampliado seu papel com Nicolau V em 1452; mas operam também com Gregório XIII e Sisto V, da mesma maneira que a magistratura continuará a ter no período barroco. Tratam-se de dois maestros ou juízes, escolhidos pelo tesouro pontífice entre as famílias patrícias, assistidos por um tabelião experiente na lei e por um submaestro "intendente da arte das paredes e das madeiras"; eles são propostos para controlar a regularidade de execução e da manutenção das ruas, praças, muralhas, margens do Tevere; em resumo, para a preservação dos recursos, da alimentação hídrica, da higiene e da segurança urbana. Não há operários contratados, mas existem diretivas e são impostas multas; o dinheiro provém das concessões de ocupação do solo público, de escavações do mesmo, ou de construções. Recolhem os proventos (um imposto sobre as melhorias) sobre as partes que obtiveram vantagens com a realização das obras; concedem autorizações para degraus ou terraços poderem avançar na rua ou então impõem suas demolições. Uma sua licença não consiste em simples ato escrito, mas num desenho colorido que mostra as mudanças dos confins das propriedades. Em Roma, os papas se comportam como mecenas de alto nível em relação aos arquitetos por eles interpelados. Os mestres de rua tornam-se de alguma forma a *longa manus*. No final das contas, é esse o tipo de relação que Giulio II instaura com Donato Bramante, mas também Paolo II com Antonio da Sangallo, o Jovem, ou Pio IV com Michelangelo.

As Magistraturas Responsáveis

Portanto, nesse contexto não pode ser esquecido o papel determinante dos escritórios e de suas jurisdições técnicas internas, as quais também mudaram (como bem o demonstram os casos venezianos). Na Serenissima, durante a segunda parte do século XVI, os grandes programas de renovação da cidade são precedidos por uma nova imagem de si própria, apresentada no início do século. Novas magistraturas (*Savi*[2] das Dízimas ou das Águas, Diretoria Provincial aos Bens Incultos, ou das Fortalezas), ao lado de outras de origem medieval (juiz do Piovengo, Diretoria Provincial das Prefeituras), produzem formas inéditas de mensuração do patrimônio imobiliário e das rendas que dele deriva. Com lucidez sempre maior, o espaço urbano pode ser interpretado como campo de valorização e investimento. O espaço aquático é observado e submetido a controles, como objeto de cuidado permanente por parte de órgãos públicos, detentores de saberes técnicos bem precisos.

De certa maneira, acontece o mesmo em Nápoles, onde a Delegação das Fortificações e a Delegação das Águas e dos Tijolos são as principais magistraturas interessadas nas obras urbanas. Porém, eles utilizam o engenheiro da cidade (cargo abolido e reintegrado diversas vezes), e também o engenheiro maior do reino que, sob as diretas dependências da corte, recebe a licença do rei da Espanha. Com a diferença, em relação aos maiores

---

2. *Savio*, em italiano: na Idade Média e no Renascimento, nome de magistrados pertencentes a órgãos colegiais com caráter de consultoria. Ver *Dizionario italiano Sabatini e Coletti*, p. 2342.

Figura 51: *Filippo Maria Mancini, A exposição da água de Trevi, realizada sob o pontifício de Nicolò V em 1493. Xilografia do século XVII.* DHA.

peritos venezianos, de que ele é um técnico-artista, com uma certa autonomia exatamente como seu predecessor, o arquiteto de confiança de um mecenas nobre; apesar disso, ele assume cada vez mais as características e o papel de um empregado. De fato, os engenheiros do reino são regularmente assalariados, ocupam-se tanto da arquitetura civil quanto da militar; colaboram com os *tavolari* (cujo nome deriva de tabula, isto é, escrituras de compra e venda); são dependentes da administração da prefeitura, destinados

175

a medir as ruas, os terrenos, palácios e propriedades. No século XVI seus papéis se alargam, desenham plantas e cartografias detalhadas, acompanhadas de avaliações; seu número se eleva para cinco; é uma corporação governada por um estatuto e por um cônsul anual, que tem seus próprios ritos e deve vigiar o correto comportamento profissional dos mestres fabricantes, dos mestres do machado, dos *calcarari* e *tagliamonti*[3] (pedreiros e talhadores de pedra). Ao mesmo tempo, com dom Pedro de Toledo se prefigura também uma responsabilidade técnica de conjunto: a cidade é todo um canteiro; a superintendência geral é dada então, ao engenheiro da corte, Ferdinando Maglione, que sozinho se ocupa da reestruturação de toda Nápoles, tendo sob seu controle um conjunto de obras, que vão das muralhas à decoração plástica e pictórica, inclusive os encargos para trabalhos de madeira, mármore, escultura, pintura e pagamentos.

O Conhecimento, o Levantamento, a Representação Cartográfica

Questão estritamente conexa aos saberes e às competências do arquiteto, ocupado com obras de reconstrução urbana, é no que concerne o desenho da cidade, entendida como levantamento e representação da planta. Nos últimos trinta anos do século XV a Itália foi o centro das artes e das ciências da cartografia: por um lado, fruto da invenção da perspectiva; por outro, dos progressos devido à introdução do registro dos imóveis e da necessidade de mostrar o recenseamento do território. Depois, no final do século XV, o levantamento e a disposição em planta dos assentamentos são práticas largamente difundidas: é suficiente pensar na planta de Ímola (1502), atribuída a Leonardo da Vinci, redigida segundo uma perfeita projeção ortogonal.

---

3. Termos do italiano antigo, a tradução foi dada pela própria autora.

Com todas as probabilidades, ela é um desenho final realizado a partir do levantamento e desenho do engenheiro lombardo Danesio Manieri, encarregado pelos Sforza, e já precedentemente redigido, mas, que contém indicações precisas acerca das transformações ocorridas na praça maior urbana. Um caso análogo é aquele da planta de Parma, com data de 1526 e atribuída a Giorgio da Herba, que representa as muralhas da cidade com as modificações propostas por Antonio da Sangallo, o Jovem. Aqui, as obras de defesa são também testemunhas da potência da cidade e do desempenho do príncipe para protegê-la. Uma contribuição essencial desse tipo de representação é dada pelos engenheiros militares, posicionados nos canteiros das fortificações.

Mesmo não se tratando da representação da planta, a primeira planta em perspectiva de Veneza, aquela de Jacopo de'Barbari, publicada em 1500, é confrontável em seus objetivos: ela é um ato de conhecimento e mensuração, de controle e ação sobre o espaço urbano. Celebra as qualidades simbólicas nos sítios essenciais da cidade;

Figura 52: *Leonardo da Vinci, Planta da cidade de Ímola, 1502. Windsor Royal Library, 12284r,* DHA.

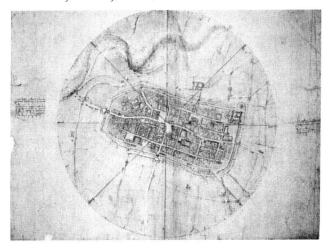

representa, principalmente, a quantidade de edificações (pouco antes de as mesmas serem registradas pelas novas magistraturas nomeadas para tanto).

Depois, durante todo o século, a ambição de possuir representações desse tipo torna-se cada vez mais freqüente, comum aos nobres e senhores, que se tornam clientes com outras finalidades. O magistério tradicional dos engenheiros e arquitetos italianos é logo copiado pelos técnicos alemães e flamengos que, a partir de meados do século, conquistarão muita fama e prestígio. Cada vez mais é realizada uma seleção de traços gráficos particularmente importantes, quase um início daquilo que, com um neologismo, chamam "cartografia temática". Enfim, cada vez mais é representado somente um retrato da cidade, cada vez mais ele tem uma função técnica: contribuir para desenvolver o conhecimento analítico e quantitativo do território urbano.

ROMA

No programa de Nicolau v (1447-1458), baseado na vontade de colocar S. Pedro como pólo de um Estado moderno, onde, para valorizar os portos fluviais e reforçar a margens do Tevere, foram previstas três novas ruas retilíneas paralelas, delimitadas por pórticos com bodegas e centralizadas em relação aos principais acessos da cidadela vaticana, de modo a constituir a espinha dorsal do Borgo (um bairro destinado aos funcionários e dignitários pontífices). Na verdade, o zoneamento por atividade, classe e nacionalidade das três ruas, repete esquemas medievais; a estrutura ternária já existia em parte; Leon Battista Alberti talvez tenha sugerido o tipo de reestruturação. O "plano" de Nicolau v não se esgota aqui: ele também prevê a reconstrução das basílicas patriarcais e de outras igrejas, uma série de obras importantes no palácio vaticano, as fortificações do Borgo, o restauro das muralhas; mas, principalmente em volta do ponto crucial de S. Pedro a partir da estrutura viária –, ele acarreta problemas para os quais serão encontradas soluções somente dois séculos depois.

Quando mais tarde Sisto IV (Francesco della Rovere, 1471-1484), chamado também de *Restaurator Urbis* (Restaurador Urbano), aplicará algumas operações finalizadas na recepção do Jubileu (1475), antes de mais nada, concentrará novamente sua atenção, como cliente, na rede de estradas. Por um lado, ele prioriza a segurança, o alargamento, a manutenção em boas condições da pavimentação, a limpeza das vias de acesso da cidade dos arbustos para quem provém da Civitavecchia e de Viterbo. Com essa finalidade ele institui um grupo de técnicos executores de seu programa, os "Oficiais pro custodia intinerum" (Oficiais a favor da preservação das estradas). Por outro lado, em continuidade com o plano de seu ilustre predecessor, ele se esforça para recuperar a organização viária, isto é, a malha do povoado histórico, constituída por três ruas convergentes em direção à ponte S. Angelo – Papalis, Mercatoria e Recta – e, dentro do Borgo, pelas três ruas correspondentes – Borgo Vecchio, Borgo S. Spirito e Borgo Sant' Angelo (ou via Sistina). Um decreto de 1478 insiste sobre a necessidade de obter dignidade, ornamento e comodidade na Urbe, trazendo de volta, nas três ruas vitais, os edifícios e as *domus* do velho

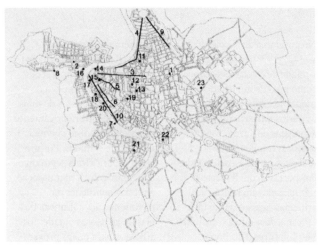

1 Fontana di Trevi
2 Reestruturação dos burgos
3 Via Recta
4 Via Sistina
5 Via Papalis
6 Via Mercatoria
7 Ponte Sisto
8 Via Alessandria
9 Via del Babuíno
10 Via Giulia
11 Palácio Firenze (já Cardelli)
12 Palácio Médici denominado de Madama
13 Palácio Medici (mais tarde chamado Lante) da Dogana di S. Eustacchio
14 Palácio de Bindo Altoviti em Praça de Ponte
15 Palácio della Zecca de Antonio da Sangallo, O Jovem
16 Restos dos pilares do Pons Triumphalis
17. Igreja de S. Giovanni dei Fiorentini no início de via Giulia
18 Quarteirão do palácio do Tribunal de Bramante
19. Asilo e igreja dos ingleses em via Monserrato
20 Igreja da confraternização de S. Eligio dos Ourives
21 Asilo e igreja de S. Giovanni Battista dos genoveses
22 Asilo e igreja de S. Giovanni destacado da miséria
23 Igreja de S. Silvestro no Quirinale.

Figura 53: *Planta de Roma (com as intervenções da primeira metade do século XVI).*

centro na ordem "correta" e com aspecto "conveniente". As numerosas intervenções de ajuste do sistema viário (em frente ao Castel Sant'Angelo, ao longo da via Francigena, ou aquela da ponte Milvio), o piso de mármore da via Borgo Vecchio, a reconstrução de outras ruas do Borgo, o restauro da rua que da porta Pertusa desce à ponte Sant'Angelo, são tentativas de proceder com o "plano" de Nicolau V, privilegiando a racionalização dos percursos. A construção da ponte Sisto (que claramente também tem valências simbólicas e ligadas à recuperação do antigo) se propõe simplificar uma dupla interligação entre o Vaticano e a cidade velha, mas também entre a cidade e sua parte à margem direita do Tevere que, de área "deserta e suja" torna-se agora um bairro densamente povoado. Enfim, durante cerca de cinqüenta anos, na cidade, então já consolidada dentro da enseada do Tevere, os pontifícios se propõem também como clientes da maior parte das obras públicas: pouco a pouco vão delineando ou reestruturando os eixos que unem os grandes pontos cruciais administrativos e religiosos.

E mais uma vez, os grandes papas do século XVI olham a rua como sendo o elemento principal das transformações urbanísticas. As estratégia urbanas de Alessandro VI (1492-1503), assim como as de Giulio II (1503-1513), baseiam-se nas aberturas viárias importantes. Não é por acaso que os dois papas inscrevem, respectivamente – na demolição do tecido urbano feito da via Alessandrina e na abertura da via Giulia –, não somente o próprio nome, mas o símbolo mais forte de suas intenções reformistas. De certo, não se trata de um plano urbanístico geral, mas, no primeiro caso, trata-se de uma forte relação entre Castel Sant'Angelo e o Vaticano; e no segundo, de um nexo entre o Vaticano e a cidade, que compreende duas ruas retilíneas paralelas ao Tevere (na margem ocidental, via della Lungara, interliga o Vaticano ao velho bairro de Trastevere e, na margem voltada para a cidade, via Giulia, onde se encontram os destroços do palácio dos Tribunais, iniciado por Bramante). Aproveitando a rede viária, essas intervenções formam novos bairros, permitem a construção de edificações importantes aos nobres, aos cardeais, às ordens religiosas e modificam de maneira substancial o aspecto da cidade. Mais tarde, Leão X se projeta em uma nova dimensão; a urbanização da área com três ruas convergentes em direção à praça del Popolo constitui a maior expansão residencial programada pela Roma pontifícia, no entanto, o esquema do tridente se tornará rapidamente um modelo urbanístico, largamente imitado e difuso também na arte do jardim e da cenografia. A idéia grandiosa de interligar a entrada mais importante da cidade aos pontos principais do centro (por um lado a Sapienza, do outro, o alto do Quirinale), através de dois retilíneos laterais ao corso (antiga via Flaminia), não deve remeter aos exemplos anteriores; mais do que o tipo

Arquivo **181**

de intervenção realizado no século XVI, representa uma mudança na concepção da cidade. No que concerne à via Leonina, o projeto é aviado a partir de 1513; a área entre ela e o corso é urbanizada rapidamente, não com uma simples ocupação de construções, mas com um projeto bem articulado em volta da praça Monte d'Oro. A realização da simétrica via del Babuíno é feita dez anos mais tarde, por Clemente VII; a operação é integralmente concluída com a criação da via Condotti e a implantação do bairro, situado entre via del Corso e praça di Spagna (1523-1540 aprox.). Nesse contexto, boa parte da atividade de Paulo III (1534-1549) pode ser lida como uma continuidade do programa elaborado para a vinda de Carlo V, em 1536: uma reafirmação de novo, do poder e do prestígio papal, em seu papel de cliente de obras edilícias. Por um lado, ele mira a recuperação da cidade imperial em seus pólos mais representativos e mira também repropor e conservar os antigos monumentos, por outro lado, ele tem a pretensão de construir um sistema mais geral e mais incisivo de interconexões entre os principais pólos urbanos.

BIBLIOGRAFIA*

Propomos aqui uma bibliografia essencial, que consiste numa primeira aproximação dos temas tratados nesta publicação. No interior de cada capítulo, os títulos são elencados em ordem cronológica (da primeira edição, não de uma eventual reimpressão ou tradução italiana), compreendendo seja alguns "clássicos" seja a historiografia recente.

1. O Contexto Político e os Processos de Urbanização

BRAUDEL, Fernand [1953]. *Civiltà e imperi del Mediterraneo nell'età di Filippo II*. Torino, 1975.
LE ROUX DE LINCY, M. (org.). *Description de la ville de Paris au XV siècle par Guillebert de Metz*. Paris, 1955
DELUMEAU, Jean. *Vie économique et sociale de Rome dans la seconde moitié du XVI siècle*. Paris, 1959.
LOPEZ, Robert S. et al. Hard Times and Investment in Culture. In: *The Renaissance: six essays*. New York, 1962.
DOLLINGER, Philippe. *La Hanse (XII-XVII siècles)*. Aubier, 1964.

1.O original em italiano não informa a editora das obras citadas na bibliografia (N. da E.)

CHABOD, Federico. *Scritti sul Rinascimento*. Torino, 1967.
STORIA ECONOMICA *Cambridge*, v. 4: *l'espansione economica dell'Europa nel Cinque e Seicento*. Torino, 1967.
HALE, John R. [1973]. *L'Europa del Rinascimento*. Bologna, 1982.
JONES-DAVIES, Marie-Therese. *Les Cités aux temps de la Renaissance*. Paris, 1977.
CHITTOLINI, Giorgio (org.). *La Crisi degli ordinamenti comunali e le origini dello stato del Rinascimento*. Bologna, 1979.
ROMANO, Ruggiero. *L'Europa tra due crisi (XIV e XVII secolo)*. Torino, 1980.
ZUCCHI, Cino. *L'Architettura dei cortili milanesi: 1535-1707*. Milano, 1983.
DE VRIES, Jan. *European Urbanization*: 1500-1800. Cambridge, 1984.
BERENGO, Marino. La Capitale nell'Europa di Antico Regime. In: DE SETA, Cesare. (org.). *Le Città capitali*. Roma-Bari, 1985.
HOHENBERG, Paul M.; LEES, Lynn H. *The Making of Urban Europe, 1000-1950*. Cambridge, Mass., 1985.
CHITTOLINI, Giorgio. La Città europea tra Medioevo e Rinascimento. In: ROSSI, Pietro (org.). *Modelli di città*. Torino, 1987.
MACKENNEY, Richard. *Tradesman and Traders: the World of the Guilds in Venice and Europe, c. 1250-c. 1650*. London, 1987.
BAIROCH, Paul; BATOU, Jean; CHÈVRE, Pierre. *La Population des villes européennes de 800 à 1850: banque de donnés et analyse sommaire des résultats*. Genéve, 1988.
BERGERON, Louis (org.). *Parigi*. Roma-Bari, 1989.
BIALOSTOCKI, Jan. Città, castello e chiesa. In: *Il Quattrocento nell'Europa settentrionale*. Torino, 1989.
TENENTI, Alberto. *L'Italia del Quattrocento: economia e società*. Roma-Bari, 1996, (primeira edição, Paris, 1990).
GENSINI, Sergio. *Roma capitale (1447-1527)*. San Miniato, 1994.
FRIEDRICHS, Christopher R. *The Early Modern City, 1450-1730*. New York, 1995.
BERENGO, Marino. *L'Europa delle città*. Torino, 1999.
GIORDANO, Luisa (org.). *Carpi: una sede principesca nel Rinascimento*. Pisa, 1999.
O'BRIAN, Patrick et al. *Urban Achievement in Early Modern Europe: Golden Ages in Antwerp*, Amsterdam and London. Cambridge, 2001.

2. O Tecido Edilício e as Muralhas Urbanas

GUICCIARDINI, Ludovico. *Descrittione di tutti i Paesi Bassi altrimenti detti Germania inferiore*. Anversa, 1567.
BALLINO, M. Giulio. *De'Disegni delle più illustri città e fortezze del mondo*. Venezia, 1569.
VALEGGIO, Francesco. *Raccolta delle più famose et illustri città di tutto il mondo*. Venezia, 1579.
TASSIN, Nicolas. *Les Plans et profils de toutes les principales villes et lieux considérables de France*. Paris, 1688.
LAVEDAN, Pierre. *Histoire de l'urbanism: Renaissance et temps modernes*. Paris, 1941.

GIOVANNONI, Gustavo. L'Urbanistica del Rinascimento. In: *L'Urbanistica dall'antichità a oggi*. Firenze, 1943.

MAYNE, Derek. *The Growth of London*. London, 1952.

BURKE, Gerald Louis. *The Making of Dutch Towns*. London, 1956.

JEANNIN, Pierre. *Histoire des pays scandinaves*. Paris, 1956.

MAGNUSON, Torgil. *Studies in Roman Quattrocento Architecture*. Uppsala, 1958.

WITTKOWER, Rudolf. [1958]. *Principi architettonici nell'età dell'umanesimo*. Torino, 1964.

LAVEDAN, Pierre. *Les Villes françaises*. Paris, 1960.

SJOBERG, Gideon. *The Preindustrial City: Past and Present*. New York, 1960.

ZEVI, Bruno. *Saper vedere l'urbanistica: Ferrara di Biagio Rossetti, la prima città moderna europea*. Torino, 1960.

MORINI, Mario. *Atlante di Storia dell'urbanistica*. Milano, 1963.

GUTKIND, Erwin Anton. *International History of City Development: Urban Development in Central Europe*. Glencoe, Ill., v. 1, 1964-1972.

MARKS, Stephen Powys. *The Map of Mid-Sixteenth Century London*. London, 1964.

BONASERA, Francesco. *Forma Veteris Urbis Ferrariae*. Firenze, 1965.

CHASTEL, Andre. *I Centri del Rinascimento*. Milano, 1965.

STRAUSS, Gerald. *Nüremberg in Sixteenth Century*. New York, 1966.

BENASSAR, Bartolomé. *Valladolid au siècle d'or: une ville de Castille et sa campagne au XVI siècle*. Paris, 1967.

HIBBERT, Christopher. *London: the Biography of a City*. London, 1969.

ROGERS, K. H. *Historic Towns*: maps and plains of towns and cities, in the British Isles. London-Oxford, 1969.

SIMONCINI, Giorgio. *Città e società nel Rinascimento*. Torino, 1974.

CORREA, Antonio Bonet (org.). *Urbanismo e Historia Urbana en España*. Madrid, 1980.

HITCHCOCK, Henry-Russel. *German Renaissance Architecture*. Princeton, 1981.

PARDO, Vittorio Franchetti. *Storia dell'urbanistica dal Trecento al Quattrocento*. Roma-Bari, 1982.

GUIDONI, Enrico; MARINO, Angela. *Storia dell'urbanistica: il Cinquecento*. Roma-Bari, 1982.

LAVEDAN, Pierre; HUGUENEY, Jeanne; HENRAT, Philippe. *L'Urbanisme à l'époque moderne, XVI-XVIII siècles*. Paris, 1982.

CHIAPPINI, Luciano. *La Corte estense alla metà del Cinquecento*. Ferrara, 1984.

SCHOFIELD, John. *The Building of London: from the Conquest to the Great Fire*. London, 1984.

VIGUEUR, Jean-Claude Maire (org.). D'Une Ville à l'autre: structures materielles et organisation de l'espace dans les villes européennes (XIII-XVI siècle). In: *Ati del colloquio organizzato dall'Ecole Françalse di Roma* (dicembre 1986). Roma, 1990.

HEINEMEIJR, W. F.; WAGENAAR, M. F (org.). *Amsterdam in karten, Verandering van de stad in vier eeuven cartografie*. Antwerpen, 1987.

DEAN, Trevor. *Land and Power in Late Medieval Ferrara: the Rule of the Este*, 1350-1450. Cambridge, 1988.

DE SETA, Cesare.; LE GOFF, Jacques (org.). *La Città e le mura*. Roma-Bari, 1989.

MOLFINO, Alessandra et all. *Le Muse e il principe: arte di corte nel Rinascimento padano*. Modena, 1991.

BASSI, Carlo (org.). *Ferrara 1492-1992: la strada degli Angeli e il suo Quadrivio*. Ferrara, 1992.

CHAMBERS, David; PULLAN, Brian (org.). *Venice: a Documentary History*, 1450-1630. Oxford, 1992.

SHAW, Carlos M. *Seville XVI siècle*. Paris, 1992.

TAFURI, Manfredo. *Ricerca del Rinascimento: principi, città, architetti*. Torino, 1992.

CALABI, Donatella. *Il mercato e la città*. Venezia, 1993.

FRANCESCHINI, Adriano. *Artisti a Ferrara in età umanistica e rinascimentale*. Ferrara, 1993-1997.

BALLAM, A. *Ferrara*. Ferrara, 1995.

LOTZ, Wolfgang. [1995]. *Architettura in Italia, 1500-1600*. Organização de D. Howard, Milano 1997

TUOHY, Thomas. *Herculean Ferrara: Ercole d'Este 1471-1505 and the Invention of a Ducal Capital*. Cambridge, 1996.

FOLIN, Marco. *Ferrara 1385-1505: all'ombra del principe*. In: CALABI, Donatella (org.). *Piazze, fabbriche, mercati: la piazza italiana nel Rinascimento*, Roma 1997.

CECCARELLI, Francesco. *La Città di Alcina: architettura e politica alle foci del Po nel tardo Cinquecento*. Bologna, 1998.

FIORE, Francesco Paolo. *Storia dell'architettura: il Quattrocento*, Milano 1998.

KAGAN, Richard L.; MARÍAS, Fernando. *Imagenes Urbanas del Mundo Hispánico 1493-1780*. Madrid, 1998.

FIORE, Francesco Paolo; A. Tenenti (a cura di). *Il Principe architetto*. In: *Atti del Convegno Internazionale di Mantova* (ottobre 1999), Mantova, in corso di pubblicazione.

3. As Ruas

RE, Emilio. *Maestri di strada*. In: *Archivio della Regia Società Romana di Storia Patria*, XLVIII, 1920.

DEININGER, Heinz Friedrich. *Das reiche Augsburg*. Augsburg, 1938.

GNOLI, Umberto. *Topografia e toponomastica di Roma medievale e moderna*. Roma, 1949.

GIOVANNONI, Gustavo. *Roma dal Rinascimento al 1870*. In: CASTAGNOLI, Fernando et al. *Topografia e urbanistica di Roma*. Bologna, 1958

LES ROUTES *de France depuis les origines jusqu'à nos jours*. Paris, 1959.

KOHL, Hans. *Die Fuggerei*. Augsburg, 1960.

FRUTAZ, Amato Pietro. *Le Piante di Roma*. Roma 1962.

CHASTEL, Andre. *L'Aménagement du marché central de Paris: de la "reformation des Halles", du XVI siècle à celle du XIX*. In: *Bulletin Monumental*, 1969.

WESTFALL, Carroll William. [1974]. *L'Invenzione della città: la strategia urbana di Niccolò V e Alberti nella Roma del'400*. Roma, 1984.

SALERNO, Luigi; SPEZZAFERRO, Luigi; TAFURI, Manfredo. *Via Giulia: un'utopia urbanistica del'500*. Roma 1975.

BLENDINGER, Friedrich; ZORN, Wolfgang. *Augsburg: Geschichte in Bilddokumenten*. München, 1976.

ELAM, C. Lorenzo de' Medici and the Urban Development of the Renaissance Florence. In: *Art History*, 1, 1978.

PLANITZ, Hans. *Die deutsche Stadt im Mittelalter, von der Romerzit zu den Zukunftkampfen*. Wien-Köln, 1980.

LEGUAY, Jean-Pierre. *La Rue au Moyen Age*. Paris, 1984.

FAGIOLO, Marcello; MADONNA, Maria Luisa. *Roma 1300-1875: l'arte degli anni santi*. Milano, 1984-1985, 2 v.

GÜNTHER, Horst. Die Stressenplanung under den Medici Päpsten in Rom (1513-1534). In: *Jahrbuch des Zentralinstituts für Kunstgeschichte*, 1, 1985.

ROECK, Bernd. *Elias Holl: Architeckt einer europäischer Stadt*. Regensburg, 1985.

_____. *Eine Stadt in Krieg und Frieden: Studien zur Geschichte der Reichstadt Augsburg zwischen Kalenderstreit and Paritat*. Gottingen, 1989.

PONTI *abitati*, numero monografico. *Rassegna*, n. 48, dez. 1991.

BURKE, G. Città in formazione. In: *Principii e forme della città*. Milano, 1993.

MURRAY, Peter; STEVENS, Mary Ann. *Living Bridges: the Inhabited Bridge*. New York 1996.

GUIDONI, Enrico; PETRUCCI, Giulia. *Roma: Via Alessandrina*. Roma, 1997.

LES PONTS de Paris. Paris, 1999.

CALABI, Donatella; CONFORTI, Claudia (org.). *Ponti: forma e costruzione*. Milano, 2001.

4. As Praças

BRINCKMANN, Albert E. *Platz und Monument*. Leipzig, 1908.

SCHIAVO, Armando. *Monumenti di Pienza*. Milano, 1942.

TORRES, Leopoldo B.; CERVERA, Luis; CHUECA, Fernando; BIDAGOR, Pedro L. et al. *Resumen Histórico del Urbanism en Espana*. Madrid, 1954.

LOTZ, Wolfgang. [1977]. *Studi sull'architettura italiana del Rinascimento*. Milano, 1989.

CIPOLLA, Carlo M. *Clocks and Culture: 1300-1700*. New York, 1978.

FINELLI, Luciana; ROSSI, Sara. *Pienza tra Ideologia e realtà*. Bari, 1979.

TORRITI, Piero. *Pienza: la città del Rinascimento italiano*. Genova, 1979.

SAMONÀ, Giuseppe; BALLARIN, Italo, BOLDRIN, Silvano et all. *Piazza San Marco: l'architettura, la storia, le funzioni*. Venezia, 1982.

CURRAN, Raymond. *Architecture and the urban experience*. New York, 1983.

CATALDI, G. *Rilievi di Pienza*. Firenze, 1985.

ELAM, C. Piazza Strozzi: Two Drawings of Baccio d'Agnolo and the Problems of a Private Renaissance square. In: *Tatti Studies: Essays in the Renaissance*, 1, 1985.

MACK, Charles R. *Pienza: The Creation of a Renaissance City*. Ithaca-London, 1987.

MEZZANOTTE, Gianni. *La Piazza dei Mercanti a Milano*. Milano, 1989.

VASI, Giuseppe. *Le Piazze di Roma*. Organização de I. Insolera. Milano, 1989.

LE PIAZZE. *Lo spazio pubblico dal Medioevo all'età contemporanea*, numero monográfico de Storia della città, n. 54-56, Milano, 1990.

TÖNNESMANN, Andreas. *Pienza: Stätedtebau und Humanismus*. München, 1990.

LA PIAZZA *dal Medio Evo al Rinascimento nell'Italia settentrionale*. Atti del Convegno Internazionale tenuto presso il Centro Andrea Palladio di Vicenza. In: Annali di Architettura, n. 4-5, 1992-1993.

SCANNAVINI, Roberto (org.). *Piazze e mercati nel centro antico di Bologna*. Bologna, 1993.

HEYDENREICH, Ludwig H. *Architecture in Italy 1400-1500*. London, 1996.

CALABI, Donatella (org.). *Piazze, fabbriche, mercati: la piazza italiana nel Rinascimento*. Roma, 1997.

PIEPER, Jan. *Pienza: der Entwurf einer humanistischen Weltsicht*. Stuttgart-London, 1997.

CONCINA, Ennio. *Storia dell'architettura di Venezia*. Milano, 1998.

MORRESI, Manuela. *Piazza San Marco: istituzioni, poteri e architettura a Venezia nel primo Cinquecento*. Milano, 1999.

ZAGGIA, Stefano. *Una Piazza per la città del principe: strategie urbane e architettura a Imola durante la Signoria di Girolamo Riario (1474-1488)*. Roma, 1999.

SVALDUZ, Elena. *Da Castello a città: Carpi e Alberto Pio (1472-1530)*. Roma, 2001.

5. O Palácio

BUDINIS, Cornelio. *Il Palazzo ducale di Urbino*. Trieste, 1904.

HAUPT, Albrecht (org.). *Architettura dei palazzi dell'Italia settentrionale e della Toscana dal secolo XIII al XVII*. Milano-Roma, 1930.

DE CARLO, Giancarlo. *Urbino: La Storia di una città e il piano della sua evoluzione urbanistica*. Padova, 1966.

ROTONDI, Pasquale (org.). *Francesco di Giorgio nel Palazzo Ducale di Urbino*. Milano, 1970.

BARRON, Caroline M. *The Medieval Guildhall of London*. London, 1974.

TABARELLI, Gian Maria. *Palazzi pubblici d'Italia: nascita e trasformazione del Palazzo Pubblico in Italia fino al XVI secolo*. Busto Arsizio, 1978.

HOLDWORTH CLOUGH, C. *The Duchy of Urbino in the Renaissance*. London, 1981.

CARDINI, Franco; RAVEGGI, Sergio; DAGLIANA, Cesare. *Palazzi pubblici in Toscana*. Firenze, 1983.

POLICHETTI, M. L. *Il Palazzo di Federico di Montefeltro: restauri e ricerche*. Urbino, 1985.

BENEVOLO, Leonardo; BONINSEGNA, Paolo. [1986]. *Urbino*. Roma-Bari, 2002.

BATTAGLIA RICCI, Lucia. *Palazzo Vecchio e dintorni*. Roma, 1990.

BERZAGHI, Renato. *Il Palazzo ducale di Mantova*. Milano, 1992.

DEL POGGETTO, Paolo (org.). *Piero e Urbino: Piero e le corti rinascimentali*. Venezia, 1992.

MIOTTO, Luciana; POLICHETTI, Maria Luisa (org.). *Urbino, città ideale*. Urbino, 1992.

SANGIORGI, Fert (org.). *Una Guida di Urbino e dei luoghi limitrofi stilata da Clemente XI*. Urbino, 1992.

FRATI, Vasco; GIANFRANCESCHI, Ida; ROBECCHI, Franco. *La Loggia di Brescia e la sua piazza*. Brescia, 1993 -1996.

LUTZ, Werner. *Luciano Laurana und der Herzogspalast von Urbino*. Weimar, 1995.

ROMANI, Marina. *Una Città in forma di palazzo*. Mantova, 1995.

BIANCHI, Eugenia; RIGHI, Nadia; TERZAGHI, Maria Cristina. *Il Palazzo ducale di Venezia*. Milano, 1997.

6. As Casas

GIOVANNONI, G. Case del Quattrocento a Roma. *Architettura e arti decorative*, 5, 1926.

HAUPT, Albrecht (org.). *Architettura dei palazzi dell'Italia settentrionale e della Toscana dal secolo XIII al XVII*. Milano-Roma, 1930.

TRINCANATO, Egle R. *Venezia minore*. Venezia, 1948.

BASCAPE, Giacomo G.; PEROGALLI, Carlo. *Palazzi privati in Lombardia*. Milano, 1965.

MAFFEI, Gian Luigi. *La Casa fiorentina nella storia della città*. Venezia, 1969.

GOLDTHWAITE, Richard A. The Florentine Palace as Domestic Architecture. *American Historical Review*, 77, n. 4, 1972.

BUCCI, Mario; BENCINI, Raffaello. *Palazzi di Firenze*. Firenze, 1973.

FANELLI, Giovanni. *Firenze*. Roma-Bari, 1980.

GOLDTHWAITE, Richard A. [1980]. *La costruzione della Firenze rinascimentale*. Bologna, 1984.

PAVANINI, Paola. Abitazioni popolari e borghesi nella Venezia cinquecentesca. *Studi veneziani*, n. 5, 1981.

GIANIGHIAN, Giorgio; PAVANINI, Paola. *Dietro i palazzi: tre secoli di architettura minore a Venezia, 1492-1803*. Venezia, 1984.

GINORI LISCI, Leonardo. *I Palazzi di Firenze nella storia e nell'arte*. Firenze, 1985.

BARBIERI, Franco. *Vicenza, città di palazzi*. Milano, 1987.

CONCINA, Ennio. *Venezia nell'età moderna: struttura e funzioni*. Venezia, 1989.

ISRAEL, Jonathan. *European Jewry in the Age of Mercantilism, 1550-1750*. Oxford, 1989.

ZUCCHI, Cino. *L'Architettura dei cortili milanesi 1535-1706*. Milano, 1989.

ELAM, C. Il palazzo nel contesto della città: strategie urbanistiche dei Medici nel Gonfalone del Leon d'Oro, 1415-1530. In: CHERUBINI, Giovanni; FANELLI, Giovanni (orgs.). *Il Palazzo Medici Riccardi di Firenze*. Firenze, 1990.

GUILLAUME, Jean (org.). *Architecture et vie sociale à la Renaissance*. Paris, 1994.

TAFURI, Manfredo. Il pubblico e il privato: architettura e committenza a Venezia. In: COZZI, Gaetano (org.). *Storia di Venezia: Dal Rinascimento al Barocco*, v. 5. Roma, 1994.

ESPOSITO, Anna. *Un'altra Roma: Minoranze nazionali e comunità ebraiche tra Medioevo e Rinascimento*. Roma, 1995.

CALABI, Donatella. Architettura e città. *Zakhor: Rivista di storia degli ebrei in Italia*, n. 1, Firenze, 1997, Mercanti e banchieri ebrei.

RESTUCCI, Amerigo. *L'Architettura civile in Toscana: il Rinascimento*. Siena, 1997.

VARANINI, Gian Maria. Edilizia privata e licenze per l'occupazione di suolo pubblico a Verona nel Quattrocento. In: GUIDONI, Enrico; SORAGNI, Ugo (orgs.). *Lo Spazio nelle città venete (1348-1509)*. Roma, 1997.

BOTTIN, Jacques.; CALABI, Donatella (orgs.). *Les Étrangers dans la ville*. Paris, 1998.

BOUCHERON, P. *Le Pouvoir de bâtir*. Roma: École Française de Rome, n. 2, 39, 1998.

CALABI, Donatella; LANARO, Paola (orgs.). *La Città italiana e i luoghi degli stranieri: XIV-XVIII secolo*. Roma-Bari, 1998.

7. Os Equipamentos

BETROCCHI, A. Le Acque e gli acquedotti di Roma antica e di Roma moderna. In: *Monografia della città di Roma e della campagna romana*. Roma, 1879.

COPPI, Ettore [1880]. *Le Università italiane nel Medioevo*. 1978.

GALESLOOT, L. *Les Agrandissements de la ville d'Anvers en 1549*. Bruxelles, 1881.

PICARD, Etienne. *Les Marchands de l'eau: hanse parisienne et compagnie française*. Paris, 1901.

DONNET, F. Gilbert van Schoonebeke. In: *Biographie Nationale*, Academie Royale de Belgique, t. 21, coll. 845-861, Anvers 1911-1913.

STEIN, Henri. *Le Palais de Justice et la Sainte Chapelle*. Paris, 1927.

CERNE, Alfred. *Les Anciennes sources et fontaines de Rouen: leur histoire à travers les siècles*. Rouen, 1930.

SABINE, Ernest L. Butchering in Medieval London. In: *Speculum*, 8, 1933.

BONNEROT, Jean. *La Sorbonne: sa vie, son role, son oeuvre à travers les siècles*. Paris, 1935.

PECCHIAI, Pio. *Acquedotti e fontane di Roma nel Cinquecento*. Roma, 1944.

_____. *Banchi e botteghe dinanzi alla basilica vaticana nei secoli XIV, XV e XVI*. Roma, 1951.

THE UNIVERSITY of Oxford. *The Victorian History of the County of Oxford*. London, 1954, v. 3.

GERSON, E. H. ter Kuile. *Art and Architecture in Belgium, 1600-1800*. Harmondsworth, 1960.

VAN HOUTTE, J. Anvers au XV et XVI siècles; expansion et apogée. In: *Annales E. S. C.*, 16, n. 1, 1961.

ARCHIVIO *di Santa Maria della Scala a Siena*. Roma, 1962.
VAN DER WEE, Herman. *The Growth of Antwerp Market in the European Economy*. La Haye, 1963.
RICE JR, Eugene F. *The Foundations of Early Modern Europe, 1460-1557*. New York, 1970.
GASCON, Richard. *Grand commerce et vie urbaine au XVI siècle: Lyon et ses marchands (environs de 1520-au 1580)*. Paris, 1971, 2v.
FAVIER, Jean. Une Ville entre deux vocations: la place d'affaires de Paris au XV siècle. *Annales*, 28, n. 5, 1973.
GARIN, Eugenio. *L'Educazione in Europa (1400-1600): problemi e programmi*. Roma-Bari, 1976.
GROSSI BIANCHI, L.; POLEGGI, E. *Una Città portuale del Medioevo*. Genova, 1980.
LA CA' GRANDA: cinque secoli di storia e d'arte dell'Ospedale Maggiore di Milano. Milano, 1981.
HEERS, Jacques. [1981]. *Genova nel Quattrocento*. Milano, 1984.
PIGNATTI, Terisio. *Le Scuole di Venezzia*. Milano, 1981.
CRUCIANI, Fabrizio. *Teatro nel Rinascimento*: Roma 1450-1550. Roma, 1983.
CONCINA, Ennio. *L'Arsenale della Repubblica di Venezia*. Milano, 1984.
WAUWERMANS, H. *Les Fortifications d'Anvers au XVI siècle*. Antwerpen, 1984.
CALABI, Donatella. MORACHIELLO, Paolo. *Rialto: le fabbriche e il ponte, 1514-1531*. Torino, 1987.
JETTER, Dieter. *Das europäische Hospital: von der Spätantike bis 1800*. Köln, 1987.
GAVITT, Philip. *Charity and Children in Renaissance Florence: the Ospedale degli Innocenti, 1410-1536*. Ann Arbor, 1988.
AIKEMA, Bernard; MEIJERS, Dulcia. *Nel Regno dei poveri: arte e storia dei grandi ospedali veneziani in età moderna, 1474-1797*. Venezia, 1989.
BLACK, Christopher. F. *Italien Confraternities in the Sixteenth Century*. Cambridge, 1989.
CHERUBINI, Paolo (org.). *Roma e lo studium urbis: spazio urbano e cultura dal Quattro al Seicento*. Roma, 1989.
BEDON, Anna. *Il Palazzo della Sapienza di Roma*. Roma, 1991.
BELLUCCI, Gualtiero; TORRITI, Piero. *Il Santa Maria della Scala in Siena: l'ospizio dei Mille anni*. Genova, 1991.
SAUNDERS, Ann. *The Royal Exchange*. London, 1991.
CALABI, Donatella. *Il Mercato e la città*. Venezia, 1993.
SANDRI, Lucia (org.). *Gli Innocenti a Firenze nei secoli: un ospedale, un archivio, una città*. Firenze, 1996.
MODIGLIANI, Anna. *Mercati, botteghe e spazi di commercio a Roma tra Medioevo ed Età Moderna*. Roma, 1998.

8. *As Igrejas*

CORNER, Flaminio. *Ecclesiae Venetae*. Venezia, 1749.
_____. *Chiese e monasteri di Venezia e di Torcello*. Venezia, 1758.
SORAVIA, Giovanni Batista. *Le Chiese di Venezia*. Venezia, 1822-1823.

QUADRI, A. I *Due templi di SS. Giovanni e Paolo e di S. Maria Gloriosa de' Frari in Venezia*. Venezia, 1835.

CHASTEL, A. Un Episode de la simbolique urbaine au XV siècle: Florence et Rome cités de Dieu. In: *Urbanisme et architecture: études écrites et publiées en l'honneur de Pierre Lavedan*. Paris 1954.

CACCIN, Angelo Maria. *La Basilica dei Santi Giovanni e Paolo*. Venezia, 1964.

ZAVA BOCCAZZI, Franca. *La Basilica dei santi Giovanni e Paolo*. Venezia, 1965.

GARDANI, Dante Luigi. *La Chiesa di San Giacomo di Rialto*. Venezia, 1966.

LIEBERMAN, Ralph Eric. *The Church of Santa Maria dei Miracoli in Venice*. Ann Arbor, 1971.

BETTINI, S. (org.). *Venezia e Bisanzio*. Catálogo da mostra. Venezia, 1974.

DELLWING, Herbert. Die Kirche San Zaccaria in Venedig: Eine ikonologische Studie. In: *Zeitschrift für Kunstgeschichte*, 37, 1974.

FRANZOI, Umberto; DI STEFANO, Dina. *Le Chiese di Venezia*. Milano, 1976.

HOWARD, D. Le Chiese di Jacopo Sansovino a Venezia. In: *Bollettino CISA*: Andrea Palladio, 1977.

TRAMONTIN, Silvio. *San Zaccaria*. Venezia, 1979.

I FRANCESCANI nel Veneto. Vicenza, 1982.

FOSCARI, Antonio; TAFURI, Manfredo. *L'Armonia e i conflitti: la chiesa di San Francesco della Vigna nella Venezia del' 500*. Torino, 1983.

CONVEGNO *di studi sull'edilizia degli Ordini dei Minori*. Fara Sabina, 1984.

TAFURI, Manfredo. San Salvador: un tempio in visceribus urbis. In: *Venezia e il Rinascimento*. Torino, 1985.

CONCINA, Ennio. Una fabbrica in mezzo alla città: la chiesa e il convento di San Salvador. *Progetto San Salvador*, Venezia 1987.

PATETTA, Luciano. *L'Architettura del Quattrocento a Milano*. Milano, 1987.

CHIESA di San Zaccaria. Venezia, 1988.

BLACK, Christopher F. *Italian Confraternities in the Sixteenth Century*. Cambridge, 1989.

VIAN, Giovanni (org.). *La Chiesa di Venezia fra medio evo ed età moderna*. Venezia, 1989.

BENZI, Fabio. *Sisto IV Renovator Urbis: Architettura a Roma 1471-1484*. Roma, 1990.

DELLWING, Herbert. *Die Kirchenbaukunst des späten Mittelalters in Venetien*. Worms, 1990.

RASPI SERRA, Joselita. *Gli Ordini mendicanti e la città*. Milano, 1990.

FEDALTO, Giorgio. *Le Chiese d'Oriente: da Giustiniano alla caduta di Costantinopoli*. Milano, 1991.

ROSA, Mario. *Clero e società nell'Italia moderna*. Roma, 1992.

LAWRENCE, Clifford H. *The Friars: the Impact of the Early Mendicants Movement on Western Society*. London, 1994.

CONCINA, Ennio. *Le Chiese di Venezia: l'arte e la storia*. Udine, 1995.

GUILLAUME, Jean (org.). *L'Eglise dans l'architecture de la Renaissance*. Paris, 1995.

MANNO, Antonio; SPONZA, Sandro. *Basilica dei Santi Giovanni e Paolo*. Venezia, 1995.

TESSARI, Cristiano (org.). *San Pietro che non c'è: da Bramante a Sangallo il Giovane*. Milano, 1996.

PROSPERI, Adriano; VIOLA, Paolo. *Dalla peste nera alla guerra dei Trent' anni*. Torino, 2000.

9. As Cidades através dos Tratados

DÜRER, Albrecht. *Unterricht zur Befestigung der Stadt, Schlossen und Flekken*. Nürnberg, 1527 (reimpresso em 1971).

SERLIO, Sebastiano. *I Sette libri dell'architettura*. Venetia 1575, reimpresso em Bologna 1978-1987.

BLUNT, Anthony. *Le Teorie artistiche in Italia dal Rinascimento al Manierismo*. Torino, 1966, (edição inglesa original de 1956).

_____ [1958]. *Philibert De L'Orme*. Milano, 1997.

ROSCI, Marco. *Il trattato di architettura di Sebastiano Serlio*. Milano, 1968.

AMMANNATI, Bartolomeo. *La Città: appunti per un trattato*. Organização de M. Fossi. Roma, 1970.

AVERLINO, Antonio detto il Filarete. *Trattato di architettura*. Organização de A. M. Finoli e L. Grassi. Milano, 1972.

ROSENAU, Helen. *The Ideal City: Its Architectural Evolution*. London, 1974.

BORSI, Franco. *Leon Battista Alberti*. Milano, 1975.

PEDRETTI, Carlo [1978]. *Leonardo architetto*. Milano, 1995.

CHOAY, Françoise [1980]. *La Regola e il modello*. Roma, 1986.

MORO, Thomas. *Utopia*. Organização de T. Fiore. Roma-Bari, 1982.

PAVIA, R. [1982]. *L'Idea di città, XV-XVIII secolo*. Milano, 1994.

GARIN, Eugenio. *La Cultura del Rinascimento*. Milano, 1988.

KRUFT, Hanno-Walter. *Storia delle teorie architettoniche da Vitruvio al Settecento*. Roma-Bari, 1988.

ALBERTI, Leon Battista. *L'Architettura*. Introdução e notas de P. Portoghesi, tradução de G. Orlandi. Milano, 1989.

GARIN, Eugenio. *Umanisti, artisti, scienziati: studi sul Rinascimento italiano*. Roma, 1989.

KRUFT, Hanno-Walter. *Le Città utopiche: la città ideale dal XV al XVIII secolo fra utopia e realtà*. Roma-Bari, 1990.

FIORE, Francesco Paolo; TAFURI, Manfredo (orgs.). *Francesco di Giorgio Martini*. Milano, 1993.

RYKWERT, Joseph; ENGEL, Anne (orgs.). *Leon Battista Alberti*. Milano, 1994.

SERLIO, Sebastiano [1966, 1575, 1969]. *Architettura civile*: libri sesto, settimo e ottavo nei manoscritti di Monaco e Vienna. Organização de F. P. Fiore. Milano, 1994.

GUILLAUME, Jean (org.). *Les Traités d'architecture de la Renaissance*. Paris, 1988.

FROMMEL, Sabine. *Sebastiano Serlio architetto*. Milano, 1998.

PATETTA, Luciano (org.). *Scritti sull'architettura del Rinascimento*. Milano, 2000.

PEROUSE DE MONCLOS, Jean-Marie. *Philibert De L'Orme*. Paris, 2000.

10. O Arquiteto, o Cliente, as Técnicas

OTTOKAR, N. Criteri d'ordine, di regolarità e d'organizzazione nell'urbanistica e in genere nella vita fiorentina dei secoli XIII-XVI. *Studi comunali fiorentini*. Firenze, 1948.

SOMBART, Werner. Building in Stone in Medieval Western Europe. *Cambridge Economic History of Europe*, v. 2, Cambridge, 1952.

ACKERMAN, James. Architectural Practice in the Italian Renaissance. *Journal Architectural Historians*, 13, 1954.

BOZZA, G.; BASSI, J. La formazione e la posizione dell'ingegnere e dell'architetto nelle epoche storiche. In: *Il Centenario del Politecnico di Milano 1863-1963*. Milano, 1964.

CARTOGRAFIA *Basica de la Ciudad de Madrid: Planos Historicos, Topograficos y Parcelarios de los Siglos XVII-XVIII, XIX y XX*. Madrid, 1979.

CASCIATO, M. La Cartografia olandese tra Cinquecento e Seicento. *Storia della città*, n. 12-13, 1979.

FOSCARI, A. TAFURI, Manfredo. *L'Armonia e i conflitti: la chiesa di San Francesco della Vigna nella Venezia del' 500*. Torino, 1983

COLLETTA, Teresa. *Atlanti di città nel Cinquecento*. Roma, 1984.

TAFURI, Manfred. "Roma instaurata": strategie urbane e politiche pontificie nella Roma del primo Cinquecento. In: FROMMEL, Christoph Luitpold; RAY, Stephano; TAFURI, Manfred. *Raffaello architetto*. Milano, 1984.

MIGLIO, Massimo (org.). *Un Pontificato e una città, Sisto IV (1471-1484)*. Atti del Convegno (Roma 1984). Città del Vaticano, 1986.

ESCH, Arnold; FROMMEL, Christoph Luitpold. *Arte, committenza ed economia a Roma e nelle corti del Rinascimento (1420-1530)*. Torino, 1990.

GOSS, John (org.). *Bleau's, the Grand Atlas of the 17th Century World*. New York, 1991.

HINARD, François; ROYO, Manuel. *Rome: l'espace urbain et ses répresentations*. Paris, 1991.

POLLAK, Martha D. *Military Architecture, Cartography and the Representation of the Early Modern European City: a Checklist of Treatises on Fortification in the Newberry Library*. Chicago, 1991.

MADONNA, Maria Luisa. *Roma di Sisto V: le arti e la cultura*. Roma, 1993.

MILLON, Henry; LAMPUGNANI, Vittorio Magnago (orgs.). *Rinascimento: da Brunelleschi a Michelangelo, la rappresentazione dell'architettura*. Milano, 1994.

ESCH, Arnold; FROMMEL, Christoph Luitpold. *Arte, committenza ed economia a Roma e nelle corti del Rinascimento (1420-1530)*. Atti del Convegno Internazionale, Roma 24-27 ottobre 1990. Torino, 1995.

GROSSO, Nicoletta (org.). *Le Città d'Europa nel Rinascimento: dal Civitates Orbis Terrarum (1572-1617)*. Novara, 1995.

ECOLE Française de Rome, Bibliothèque Nationale. *Les Dessins du Fonds Robert de Cotte*. Paris, 1997.

RESTUCCI, A (org.). *L'Architettura civile in Toscana: il Rinascimento*. Siena, 1997.

ROMANELLI, Giandomenico; BIADENE, Susanna; TONINI, Camillo. *A Volo d'uccello: Jacopo de Barbari e le rappresentazioni di città nell'Europa del Rinascimento*. Venezia, 1999.

STROFFOLINO, Daniela. *La Città misurata: tecniche e strumenti di rilevanzento nei trattati a stampa del Cinquecento*. Roma, 1999.

ÍNDICE DE LUGARES

Adige 109
Alemanha 16, 37, 92, 150
Alpes 63, 111, 150
Amboise 157
Américas 11, 22
Amersfoort 37
Amiata 86
Amsterdã 22, 35, 125, 138
Andaluzia 138
Angers 58, 107
Antuérpia 21, 26, 63, 99, 126, 131-135
    Bolsa 132-134
    Casa dos ingleses 131
    Casa dos Mercadores Hanseáticos (Oster Huis) 133
    Groote Markt 132, 134
    Oude Boeurs 135
    Schelda 132
Arles 111
Asciano 92

Asola 42
Augsburgo 17, 22, 52, 58, 63-66, 109, 114
    Fuggerei 64, 114
    Perlach 63
    S. Giacomo 114
    Via Claudia Augusta 63-65
    Weinmarkt 65
Aventino 43
Avignon 15, 111

Báltico 22, 36
Barcelona 21, 92, 126, 128
Barga 92
Basiléia 21, 58
Baune 128
Bérgamo 70, 72, 75, 163
Berlim 58
Bern Kastel-Kues 128
Boêmia 19
Bolonha 70, 72, 100, 130, 143
Bozzolo 20

197

Bracciano 167
Breda 138
Bregenz 63
Brescia 39, 70, 75, 77, 79
   Mercado 77
   Praça da Loggia 77
Breslavia 21
Bruges 34, 92
Bruxelas 21, 92
Buda, Budapeste 123

Cádiz 139
Camaiore 92
Cambridge 123
Capri 20, 81, 84, 98, 167
Casale Monferrato 20, 167
Castilho 138
Castiglione Fiorentino 92
Chiusi 92
Colle Val d'Elsa 92
Colônia 21, 126
Constantinopla 20, 82, 122
Copenhague 28, 123
Córdoba 139
Correggio 85
Cortemaggiore 20, 39
Cortona 92
Cracóvia 122

Delft 138
Dijon 18
Dinamarca 16
Doesburg 21
Dordrecht 138

Erfurt 58
Espanha 16, 19, 22, 25, 45, 137, 174
Estados pontifícios 25, 44, 101
Europa 12, 16, 22, 25, 36, 37, 67, 93, 107, 111, 116, 122, 131, 134, 137, 138, 161, 168, 172

Faenza 85
Feltre 75
Ferrara 18, 26, 45-48, 54, 56, 71, 72, 81, 82, 89, 149
   Barco 83

Castelo 45, 47, 55
Certosa 45
Giovecca 46
Hospital Sant'Anna 45, 46
Igreja do Corpus
   Christi 45
Loggia dos Calegari 47
Palácio della Ragione 46
Praça Nuova 46, 48, 82
Porta do mar 55
Porta do rio Pó 55
Porta dos Angelis 55
S. Maria degli Angeli 45, 46
Terra Nova 48
Finale 167
Flandres, Países Baixos 19, 21, 22, 25, 37, 53, 111, 137, 138, 150
Florença 17, 18, 20, 26, 39, 50, 52-55, 58, 60, 62, 80, 105-107, 110, 111, 116-120, 124, 128, 130, 137, 140, 143, 150, 153, 161, 162, 165-167
   Hospital degli Innocenti 80, 128
   Igreja dos Serviti 54
   Mercado Velho 116
   Monastério do Cestello 54
   Monastério do Rosaio 54
   Orsanmichele 53
   Palácio Bartolini 116, 119
   Palácio Cocchi-Serristori 116, 119
   Palácio Corsi-Alberti 116
   Palácio Dei-Guadagni 116, 119
   Palácio Gondi 116, 118, 119
   Palácio Médici-Riccardi 116, 117, 119
   Palácio Pitti 116, 118
   Palácio Rosselli-Del Turco 116
   Palácio Rucellai 116
   Palácio Strozzi 116, 119
   Palácio della Signoria 54, 150
   Ponte Vecchio 60, 62, 107
   Porta S. Gallo 53
   S. Maria del Fiore 140, 166

  S. Maria Novella   143
  SS. Annunziata   53, 54, 80
  Via dei Servi   53, 80
  Via Larga   53, 117, 119
  Via Laura   54, 119
  Via Ventura   54
França   3, 25, 28, 53, 85, 107, 111, 150, 157

Gand, Gent, *Gandanum*   34, 35, 91
Gênova   26, 37, 39, 55, 72
Gouda   21
Granada   128, 139
Graz   58
Grosseto   92
Guadalqvir   58
Guastalla   20, 167
Gubbio   26

Haarlem   22, 37, 138
Haia   138
Holanda   22, 138
Hungria   16, 63

Ímola   20, 70, 72, 81, 83, 149, 176, 177
Inglaterra, Reino Unido   30, 52, 59, 92, 123, 125, 131, 138, 160
Itália, Península, Estados italianos   16, 17, 20, 23, 36, 42, 45, 55, 70, 71, 111, 112, 113, 116, 124, 128, 149, 159, 165, 168

Jaén   139

Kempten   63
Kiev   28

Legnago   42
Leida   22
Leuven   21, 92, 160
Levante   23
Lion   22, 53, 58
Lituânia   16
Livorno   39
Lodi   82
Lombardia   34

Londres   18, 21, 52, 58, 59, 91, 107, 125, 126
  Black Friars   143
  Guild Hall   125
  Lombard Street   125
  London Bridge, Old London-Bridge   52, 59, 61, 107
  Royal Exchange   126
  Saint Paul   137, 138
  Tâmisa   52, 59, 125
Lübeck   18, 21, 22, 36-38, 63, 69, 99
Luca   92
Lüneburg   36
Lunigiana   167

Maastricht   21
Mainz   21
Málaga   139
Mântua   20, 26, 44, 71, 83, 85, 89, 98, 162
  Broletto   44, 71
  Catedral   98
  Palácio della Ragione   71
  Praça delle Erbe   44, 71
  Praça Sordello   44, 71
  S. Andrea   44, 71
  S. Giorgio   98
Massa   167
Massa Marittima   92
Melfi   167
Milão   18, 20, 26, 55, 70-72, 95, 96, 101, 112, 127, 129, 161, 163, 166, 167, 173
  Castello   95-98
  Hospital Maggiore   127, 163, 166
  S. Eustorgio   167
Mirandola   20, 85, 167
Mônaco   167
Montefeltro   101
Montepulciano   116
Montpellier   111

Namur   34
Nápoles   26, 56, 57, 95, 96, 124, 129, 167, 174, 176

199

Castelnuovo, Castel Nuovo 96, 97
Praça Nuova 97
Praça S. Nicola 97
Narbonne 58
Newcastle 58
Novellara 167
Nurembergue 21, 22, 58, 63, 68, 91, 99, 159

Oxford 52, 123

Pádua 18, 22, 39, 75-77, 143, 162
Capitanio 77
Palácio della Ragione 77
Praça dei Frutti 76
Praça dei Signori 76
Praça del Vino 76
Praça della Legna 76
Praça della Paglia 76
Praça delle Erbe 76
Palermo 26, 28
Palma 21, 42, 126
Paris, Lutecia 28-31, 52, 53, 58, 61, 91, 99, 107, 125, 130
Área dos lombardos 28
Halles 28, 29
Hotel de Ville 99
Ilê de la Cité 29-31
Louvre 91
Marais 112
Notre-Dame 53
Place de Grève 29, 99
Petit-Pont 107
Pont-aux-Changeurs 60, 107, 125
Pont-Saint-Michel 62
Ponte de Notre-Dame 60, 61
Quai aux Fleurs 60
Rive droite 29, 30
Rive gauche 29, 30
Rue de la Pelletterie 60
Rue de Tournelles 29
Rue Saint-Denis 111
Rue Saint-Martin 111
S. Caterina 112
Sena 29-31, 60, 62, 99

Sentier 111
Saint-Eustache 28, 29
Saint-Getmain-L'Auxerrois 30
St. Martin-des-Champs 28
Parma 20, 44, 55, 85, 159, 177
Convento de S. Alessandro 55
Igreja Steccata 55
Praça Maggiore 56
Strada S. Michele 56
Via do Duomo 55
Via Ferrari 55
Pavia 70, 72, 82
Piacenza 44, 56
Strada Gambara 56
Pienza, Corsignano 26, 86-89, 101, 149
Piombino 167
Pisa 37, 124
Pistoia 92
Plasencia 139
Pola 122
Polônia 16, 22, 30, 92
Porto no Adige 42
Portugal 22
Prato 92
Prússia 16
Puerto Real 39

Ragusa 129
Ravena 22
Reino Unido, ver Inglaterra
República Vêneta 25, 42, 76, 124, 168
Rimini 103
Rivarolo 20
Roma 15, 18, 22, 26, 28, 42, 52, 55, 79, 86, 94, 101, 103, 108-112, 123, 130, 137, 140, 150, 152, 153, 159, 170, 171, 173, 179-182
Acqua Virgo, Acqua Vergine 130, 171
Aqueduto Cláudio 129
Bairro Monti 172
Bairro Ponte 109
Borgo 179, 180

200

Campidoglio 79, 170, 171
Campo dei Fioti 171
Campo Marzio 124
Castel Sant'Angelo 180, 181
Coliseu 82
Fontana di Trevi 130, 180
Hospital do Santo Spirito 127, 128
Isola Tiberina 171
Museo Capitolino 79
Palácio dos Conservadores 79, 171
Palácio do Senador 79
Palácio dos Tribunais 181
Palácio Venezia 172
Pantheon 171
Praça del Popolo 181
Praça di Spagna 182
Praça Monte d'Oro 182
Ponte Milvio 170, 180
Ponte S. Angelo 179
Ponte Sisto 180
Quirinale 130, 180, 181
S. Pedro 95, 140, 141, 151, 171, 179
Sapienza 181
Vaticano, Palácios Vaticanos 94, 95, 171, 179, 180, 181
Via Alessandrina 181
Via Condotti 182
Via del Babuíno 182
Via del Corso 182
Via Flaminia 181
Via Francigena 180
Via Giulia 181
Via Leonina 182
Via Mercatoria 179, 180
Via Papalis 179, 180
Via Recta 179, 180
Via Sistina 179, 180
Rouen 53
Rússia 22

Sabbioneta 20, 167
Salamanca 122, 139
Salzburgo 91
San Giminiano 92

San Marino 167
Santa Fé de Granada 39
Santiago de Campostela 128
Saragozza 128
Sassocorvaro 154
Segovia 139
Sicília 130
Siena, Sevilha 58, 98, 99, 125, 128, 138, 139
   Pátio das Laranjeiras 139
   Praça do Altozano 59
   Praça S. Francisco 98
   Triana 59
Suíça 63

Tangersmünde 92
Toledo 128
Torum 92
Toscana 86, 116
Treviso 39, 75

Ulma 63
Urbino 26, 83, 88, 89, 101-104, 149, 172

Valbonne 39
Valcamonica 146
Valdarno 34
Valência 21, 126, 128
Valladolid 139
Valtellina 146
Vêneto 34
Veneza, Cidade lagunar, Serenissima 18, 20-22, 26, 39, 42, 58, 62, 72, 75, 93, 94, 101, 104, 111-114, 122, 124-126, 129, 143-148, 151, 162, 168, 173, 174, 177
   Arco Foscari 93
   Arsenal 121-122, 144
   Asilo Orseolo 74
   Canal Grande 61, 125
   Escada dos Gigantes 93
   Fondaco dei Tedeschi 125
   Giudecca 147
   Gueto 113, 114, 148
   Libreria 74

201

Loggetta 74
Mercerie 73
Murano 144
Palácio Contarini dal Zaffo 113
Palácio Corner Spinelli 113
Palácio Dario 113
Palácio Ducal 93, 94, 124
Palácio Vendramin Calergi 113
Ponte dos Gregos 146
Prisões 124
Procuratie Vecchie 73
Rialto 75, 124, 145, 168
Riva degli Schiavoni 124
S. Andrea di Lido 39
S. Antonio di Castello 126
S. Croce 147
S. Fantin 145
S. Felice 146
S. Geminiano 75, 145
S. Giacomo 75, 125
S. Giorgio dei Greci 146, 147
S. Giovanni Crisostomo 145, 147
S. Giovanni Elemosinario 75, 145, 147
S. Giovanni e Paolo 142, 143
S. Giovanni in Bragora 147
S. Maria Formosa 145, 147
S. Marcos 75, 79, 145, 147, 172
S. Matteo 145, 147
S. Nicolò 39, 146
S. Salvador 145, 147
S. Teodoro 145, 147
Torre das Horas 73
Zecca 74
Verona 18, 39, 43, 70, 75, 100, 109, 110, 112
Porta Vescovo 43
Praça Brà 110
Vicenza 43, 70, 75, 77, 78, 100
Vigevano 26, 72, 81, 82, 149, 161
Volterra 92

Würzburg 128

URBANISMO NA PERSPECTIVA

Planejamento Urbano – Le Corbusier (D037)
Os Três Estabelecimentos Humanos – Le Corbusier (D096)
Cidades: O Substantivo e o Adjetivo – Jorge Wilheim (D114)
Escritura Urbana – Eduardo de Oliveira Elias (D225)
Crise das Matrizes Espaciais – Fábio Duarte (D287)
Primeira Lição de Urbanismo – Bernardo Secchi (D306)
A (Des)Construção do Caos – Sergio Kon e Fábio Duarte (orgs.) (D311)
A Cidade do Primeiro Renascimento – Donattela Calabi (D316)
O Urbanismo – Françoise Choay (E067)
A Regra e o Modelo – Françoise Choay (E088)
Cidades do Amanhã – Peter Hall (E123)
Metrópole: Abstração – Ricardo Marques de Azevedo (E224)
Área da Luz – R. de Cerqueira Cesar, Paulo Bruna, Luiz Franco (LSC)

Este livro foi impresso na cidade de São Paulo,
em outubro de 2008, nas oficinas da Gráfica Palas Athena,
para a Editora Perspectiva S.A.